शहीद-ए-वतन
राजगुरु

"मैं दुनिया से चला जाऊँगा, परंतु मेरी मौत देश में एक नई क्रांति को जन्म देगी। मैं फिर आऊँगा और तब तक बार-बार आता रहूँगा, जब तक मेरा देश गुलामी की बेड़ियों से आजाद नहीं हो जाता। यह बलिदान व्यर्थ नहीं जाएगा; मेरी मौत से हजारों राजगुरु उठ खड़े होंगे, जो ब्रिटिश सरकार को भारत से उखाड़ फेंकेंगे।"

–राजगुरु

शहीद-ए-वतन राजगुरु

प्रवीण भल्ला

प्रभात प्रकाशन

प्रकाशक
प्रभात प्रकाशन प्रा. लि.
4/19 आसफ अली रोड, नई दिल्ली–110002
फोन : 011–23289777 • हेल्पलाइन नं. : 7827007777
इ–मेल : prabhatbooks@gmail.com ❖ वेब ठिकाना : www.prabhatbooks.com

संस्करण
2024

मूल्य
तीन सौ रुपए

मुद्रक
नरुला प्रिंटर्स, दिल्ली

Shaheed-E-Watan RAJGURU
A biography by Praveen Bhalla

Published by **PRABHAT PRAKASHAN PVT. LTD.**
4/19 Asaf Ali Road, New Delhi-110002
ISBN 978-93-5048-319-0

₹ 300.00

दो शब्द

1747 से 1947 तक--गुलामी के इन दो सौ सालों को भारत के गौरवशाली इतिहास में कलंकित अध्याय के रूप में चिह्नित किया गया है। अपमान, अत्याचार, दमन और शोषण के लिए कुख्यात इन वर्षों में भारतीय समाज को बुरी तरह से कुचला गया। इस समयावधि में; जब विश्व विकास के पथ पर अग्रसर था; अंग्रेजों ने भारत का न केवल आर्थिक शोषण किया, वरन् उसके सामाजिक ढाँचे को भी तहस-नहस किया; दमन की नीतियों द्वारा लोगों की भावनाओं, आवश्यकताओं और अधिकारों को दबाया।

लेकिन जैसा प्रकृति का नियम है, अंततः दबाव के परिणामस्वरूप जनाक्रोश का ज्वालामुखी फूट पड़ा। 1857 की क्रांति इसी ज्वालामुखी की लपटें थीं। यद्यपि कूटनीति और शक्ति के बल पर अंग्रेजों ने क्रांति को असफल कर दिया था, तथापि भारतीय समाज में इसका प्रभाव फैल गया। इसके चलते भारत के कोने-कोने में क्रांतिकारी उठ खड़े हुए। ये क्रांतिकारी देश के लिए अपने जीवन का बलिदान करने के लिए तैयार थे। ऐसे ही महान् देशभक्तों में एक नाम था-'शिवराम हरि राजगुरु'।

क्रांतिकारी साथियों में 'रघुनाथ' व 'एम' नाम से पहचाने जाने वाले राजगुरु बचपन में ही देश की स्वतंत्रता के लिए प्रतिज्ञाबद्ध हो चुके थे। जिस उम्र में बच्चे खेलकूद में डूबे रहते हैं, वे भारत की बदलती परिस्थितियों का अवलोकन कर रहे थे। अंग्रेजों के अत्याचारों

को उन्होंने प्रत्यक्ष देखा था; उनकी कूटनीतियों और स्वार्थपरता का भी उन्हें निकटतम अनुभव था। यही कारण है कि उन्होंने अंग्रेजियत को स्वयं पर हावी नहीं होने दिया।

जलियाँवाला बाग की घटना ने उनके जीवन में क्रांति के बीज बो दिए। प्रत्यक्षदर्शी न होते हुए भी कोसों दूर रहकर उनके बाल-मन ने इस भीषण नरसंहार में मरने वाले निर्दोष लोगों के दर्द को अनुभव किया; उनका उद्घोष सुना 'इंकलाब जिंदाबाद और वंदेमातरम्' सुना। इस पवित्र मंत्र को राजगुरु ने आत्मसात् कर लिया और क्रांति-पथ पर चल पड़े।

राजगुरु किसी पौराणिक या ऐतिहासिक बलिदानी से कम नहीं थे। वे कलियुग के दधीचि थे, जिन्होंने सर्वप्रथम घर-परिवार का त्याग किया और फिर राष्ट्र-कल्याण के लिए स्वयं की भी आहुति दे दी। विवाह जैसी सामाजिक रीति को अनदेखा कर उन्होंने राष्ट्रसेवा में सुखों को तलाशा; पारिवारिक सुखों की अपेक्षा बलिदान के पथरीले रास्ते को चुना।

जीवन में उन्होंने अनेक उतार-चढ़ाव देखे; अनेक बार दूसरों की स्वार्थ-सिद्धि का पर्याय बने; भूख का दमन किया; दूसरों के लिए अथक परिश्रम किया, परंतु फिर भी अपने पथ से कभी विचलित नहीं हुए। वे गिरे, उठे और पुनः अपने अस्तित्व के लिए संघर्ष करने लगे। अन्याय और अनाचार के विरुद्ध संघर्ष की यह प्रवृत्ति देश के लिए वरदान बन गई।

चंद्रशेखर आजाद और भगत सिंह—राजगुरु के क्रांतिकारी जीवन में ये दोनों उनके महान् आदर्श-पुरुष थे। यही कारण है कि वे जीवनपर्यंत उनका अनुसरण करते रहे।

एक बार भगत सिंह ने कहा था, "राजगुरु मेरा सबसे बड़ा प्रतिद्वंद्वी है, लेकिन वस्तुतः यह आत्म-बलिदान की होड़ है, उसमें ईर्ष्या या स्वार्थ का जरा भी अंश नहीं है। वह मासूम बच्चे की तरह

निच्छल है। यदि सत्य कहूँ तो उस जैसा मित्र मुझे जीवन में कभी नहीं मिल सकता। वह यारों का भी यार है।'' राजगुरु के संदर्भ में उनका कितना सटीक आकलन था! उन्होंने भगत सिंह के साथ मित्रता की तो उसे जीवन के अंतिम क्षणों तक निभाया।

बात चाहे सांडर्स हत्या की हो; योगेशचंद्र को छुड़वाने की हो या असेंबली में बम फेंकने की हो—राजगुरु हर बार शहीदों की अग्रिम पंक्ति में खड़े होने के लिए उत्सुक रहे। उनकी यह उत्सुकता; सर्वश्रेष्ठता अथवा योग्यता की अपेक्षा; देश पर मर-मिटने के जज्बे पर आधारित थी।

संक्षेप में कहा जाए तो राजगुरु के नाममात्र से शौर्य, धैर्य, त्याग, निस्स्वार्थता और बलिदान जैसे महान् भाव स्वत: ही सजीव हो उठते हैं; हृदय में देशभक्ति और राष्ट्रसेवा का जज्बा जाग्रत् हो उठता है।

पुस्तक में राजगुरु के जीवन-चरित्र तथा शहादत की पृष्ठभूमि को गूँथने का प्रयास किया गया है। आशा है, जन्मभूमि को माता मानकर उसकी वंदना करने वालों के लिए यह पुस्तक अमूल्य धरोहर सिद्ध होगी।

'वंदेमातरम्!'

—प्रवीण भल्ला

1

'राजगुरु' का इतिहास

वीर मराठों की कर्मभूमि 'महाराष्ट्र' का इतिहास के पन्नों में विशिष्ट स्थान है। महान् मराठा शासक शिवाजी के समय से इसकी पहचान भारत के समृद्ध तथा सामरिक दृष्टि से महत्त्वपूर्ण राज्य के रूप में होती रही है। इसके विषय में प्रसिद्ध था कि यहाँ अन्न-फल से अधिक वीरों की फसलें हुई हैं। वे वीर भी ऐसे थे जो देश के आत्म-सम्मान एवं स्वाभिमान के लिए प्राणों की बाजी लगाने के लिए हर पल तत्पर रहते थे। इसी राज्य में पूना शहर के निकट 'चाकण' नामक एक छोटा-सा गाँव था। प्राचीन समय में इस गाँव को छत्रपति शिवाजी द्वारा स्थापित हिंदू राज्य की राजधानी बनने का सौभाग्य प्राप्त हुआ था। इसकी प्रसिद्धि दूर-दूर तक फैली हुई थी। गाँव में पंडित कचेश्वर अपने परिवार के साथ रहते थे। उनका उपनाम 'ब्रम्हे' था और वे संत तुकाराम के शिष्यों में से एक थे। कचेश्वर बड़े विद्वान्, ज्ञानवान व बुद्धिमान ब्राह्मण थे। गाँवभर में उनकी विद्वत्ता का डंका गूँजता था, लेकिन यश-संपन्न होने पर भी वे सादा जीवन व्यतीत करते थे। अहं का उनमें लेशमात्र भी चिह्न नहीं था। परोपकार, दया, धर्म-परायणता आदि गुण उनके रक्त में घुले-मिले थे।

यज्ञ में सफलता

कहते हैं, एक बार महाराष्ट्र में भयंकर अकाल पड़ा; चारों ओर भुखमरी और मौत का तांडव होने लगा। अन्न-जल का अभाव हजारों लोगों को निगल गया। ऐसे में इंद्रदेव को प्रसन्न करने के लिए प्रसिद्ध पंडितों के एक समूह ने यज्ञ आरंभ किया। अकाल-पीड़ित लोग व्याकुल होकर यज्ञ की सफलता की प्रार्थना करने लगे, लेकिन अथक प्रयास तथा जप-तप करने के बाद भी वे इंद्रदेव को प्रसन्न करने में असफल रहे। लोगों में निराशा की लहर दौड़ गई। उनके दुःखी चेहरों और व्यथा को देखकर पंडित कचेश्वर का हृदय द्रवित हो उठा। वे उनकी सहायता करने के लिए आतुर थे। अंततः उन्होंने यज्ञ को सफल करने का बीड़ा उठा लिया। चूँकि बड़े-से-बड़े पंडित भी इसमें असफल हो चुके थे, इसलिए लोगों का विश्वास छिन्न-भिन्न हो चुका था। चाकण गाँव के निवासी पंडित कचेश्वर की विद्धता से भली-भाँति परिचित थे। उन्हें पूरा विश्वास था कि वे अपने कथन को सत्य करके ही दम लेंगे। निश्चित दिन यज्ञ आरंभ हुआ; यज्ञाग्नि में आहुतियाँ डाली जाने लगीं। निरंतर दो दिन तक मंत्रों के जाप का स्वर गुँजायमान होता रहा।

वैदिक जाप के फलस्वरूप तीसरे दिन प्रातःकाल में ही काले-काले बादल उमड़ आएँ और फिर देखते-ही-देखते मूसलाधार वर्षा होने लगी। मंत्र इतने प्रभावशाली थे कि कई दिनों तक अनवरत वर्षा होती रही। जिस कार्य को बड़े-बड़े पंडित भी नहीं कर पाए थे, वह दो दिनों में सफल हो गया। दुःखी जनमानस पंडित कचेश्वर की जय-जयकार कर उठा। इसके बाद कचेश्वर की अलौकिक शक्तियों को सम्मान की दृष्टि से देखा जाने लगा।

'राजगुरु' की उपाधि

पंडित कचेश्वर की लोकप्रियता चाकण से निकलकर संपूर्ण

महाराष्ट्र में फैल चुकी थी। वे अद्‌भुत, विलक्षण तथा शक्ति-संपन्न ब्राह्मण के रूप में पहचाने जाने लगे। उनकी कीर्ति बढ़ते-बढ़ते शाहू संभाजी राजे भोंसले छत्रपति महाराज के कानों तक पहुँची। शाहूजी वीर छत्रपति शिवाजी के पौत्र थे। अकाल के विकराल तांडव और यज्ञ में पंडितों की असफलता का उन्हें भली-भाँति ज्ञान था। उन्होंने जब पंडित कचेश्वर की मंत्र-शक्ति का चमत्कार देखा तो वे उनके मुरीद हो गए।

उन दिनों वे अपनी प्रतिद्वंद्वी ताराबाई के साथ राजगद्‌दी के संघर्ष में उलझे हुए थे। ताराबाई उनके सौतेले चाचा राजाराम की पत्नी थी और अपने पुत्र के लिए मराठा राजगद्‌दी चाहती थी। उसने अनेक मराठा सरदारों को अपने साथ मिला लिया था। इसके परिणामस्वरूप शाहूजी का पलड़ा कमजोर होने लगा था। ऐसी विकट स्थिति में उन्होंने पंडित कचेश्वर से मिलने का निश्चय किया। शीघ्र ही वे राज्य प्रबंधन का बहाना बनाकर चाकण पहुँच गए और कचेश्वर से भेंट की।

छत्रपति शाहूजी को अपने समक्ष देखकर कचेश्वर अत्यंत विस्मित हुए और गंभीर स्वर में बोले, ''महाराज! आपने यहाँ पधारकर हमें कृतार्थ कर दिया, लेकिन आपके अकस्मात् आगमन से मैं थोड़ा सशंकित हूँ। क्या महाराज कोई दुविधा लेकर आए हैं?''

''आपने ठीक पहचाना। कचेश्वरजी! आप जानते ही होंगे कि इन दिनों राजगद्‌दी के लिए गहरे षड्‌यंत्र रचे जा रहे हैं। परिस्थितियाँ इतनी विषम हैं कि मैं शत्रुओं से बुरी तरह घिर चुका हूँ। यद्यपि मैं अंतिम युद्ध के लिए तैयार हूँ, लेकिन सर्वप्रथम मुझे आपके आशीर्वाद की आवश्यकता है। इसी उद्‌देश्य से मैं आपके पास आया हूँ।''

''महाराज! प्रकृति के नियम के अनुसार मनुष्य को अपने अधिकारों के लिए अवश्य लड़ना चाहिए। आप भी इस नियम का पालन कर रहे हैं। सत्य को आज तक कोई पराजित नहीं कर सका,

इसलिए निडर होकर शत्रुओं का मुकाबला करें। मुझे विश्वास है कि अंत में विजयश्री आपके समक्ष नतमस्तक हो जाएगी। मेरा आशीर्वाद और शुभकामनाएँ आपके साथ हैं।''

आशीर्वाद पाकर शाहूजी दुगने उत्साह से भर उठे और लौट गए।

इसके पश्चात् कुछ ही दिनों में उन्होंने विरोधियों को पराजित करके राजगद्दी प्राप्त कर ली। इस विजय का श्रेय वे पंडित कचेश्वर को देते थे। उनकी विद्वत्ता और ज्ञान से वे पहले ही प्रभावित थे; उनके नम्र व्यवहार और आशीर्वाद से मिली विजय ने उन्हें मुग्ध कर दिया।

'गुरु के बिना गति नहीं' यह बात शाहूजी अच्छी तरह से जानते थे, इसलिए उन्होंने पंडित कचेश्वर को अपना गुरु मान लिया और उन्हें 'राजगुरु' की उपाधि से सम्मानित किया। इसके बाद से कचेश्वर के वंशज अपने नाम के साथ 'राजगुरु' की उपाधि लगाने लगे।

शाहूजी ने उन्हें खेड़ ग्राम की कुछ भूमि तथा तीन गाँव उपहारस्वरूप दिए थे। पंडित कचेश्वर उपहारों या भेंटों के इच्छुक नहीं थे। उनका उद्देश्य परोपकार और निस्स्वार्थ सेवा करना था। अत: उन्होंने तीन गाँवों का उपहार नम्रतापूर्वक अस्वीकार कर दिया। लेकिन शाहूजी द्वारा बार-बार आग्रह किए जाने पर वे खेड़ गाँव में आकर बस गए।

□

2

'शिव' का जन्म

समय का चक्र चलता रहा; अनेक वर्ष बीत गए। पंडित कचेश्वर की सातवीं पीढ़ी में हरिनारायण नामक ब्राह्मण हुए। विरासत में मिलने वाले पैतृक गुण उनमें कूट-कूटकर भरे हुए थे। अपने पूर्वजों की तरह वे भी बड़े नम्र और शांत स्वभाव के व्यक्ति थे। परमार्थ के लिए सदा तत्पर रहने वाले तथा विद्वत्ता से परिपूर्ण हरिनारायण खेड़ गाँव में सम्मानीय थे। उन्होंने दो विवाह किए थे। पहली पत्नी से उन्हें वामन नामक एक पुत्र तथा पाँच पुत्रियाँ हुईं। पार्वती उनकी दूसरी पत्नी थीं। उनसे उन्हें दिनकर नामक एक पुत्र तथा चंद्रभागा, वारिणी व गोदावरी नामक तीन पुत्रियाँ हुईं। पति की तरह पार्वती भी गुण-संपन्न और धर्मपरायण थीं। भगवान् शिव में वे अगाध श्रद्धा रखती थीं। पति की सेवा तथा गृहस्थ कार्यों से निपटने के बाद उनका अधिकांश समय शिव-आराधना में व्यतीत होता था। ऐसी सुघड़ और धार्मिक स्वभाव की पत्नी पाकर हरिनारायण स्वयं को धन्य समझते थे।

पार्वती गर्भवती थी, लेकिन इस बार उनके चेहरे का तेज देखते ही बनता था। ऐसा लगता था मानो ईश्वर का अंश उनके गर्भ में स्थापित हो गया हो। यह लक्षण देखकर ज्ञानवान हरिनारायण संतान के जन्म की व्याकुलता से प्रतीक्षा कर रहे थे।

24 अगस्त, 1908; दिन सोमवार; हिंदी पंचांग के अनुसार संवत् 1830 के श्रावण पक्ष की त्रयोदशी। कमरे के अंदर दर्द से

छटपटाती पार्वती का स्वर गूँज रहा था। पास बैठी एक वृद्धा मस्तक सहलाते हुए उसे धीरज बँधा रही थी, जबकि दाई तेजी से अपने काम में व्यस्त थी। कमरे के बाहर पंडित हरिनारायण बड़ी बेचैनी से इधर-उधर टहलते हुए शुभ समाचार की प्रतीक्षा कर रहे थे। बुदबुदाते होंठों से 'ॐ नमः शिवाय' का जाप करते हुए बीच-बीच में वे बंद दरवाजे की ओर देख लेते।

तभी नवजात शिशु की किलकारियों से घर का वह कक्ष गूँज उठा। हरिनारायण ने शांति की साँस ली और मन-ही-मन भगवान् शिव को प्रणाम किया।

थोड़ी देर बाद दाई ने खुशखबरी दी, "बधाई हो पंडितजी! पुत्र हुआ है।"

हरिनारायण के चेहरे पर मुसकराहट खिल उठी। कुछ ही देर में बधाई देने वालों से पूरा आँगन भर गया।

शिशु का जन्म श्रावण मास के पहले सोमवार को हुआ था, अतः नामकरण के अवसर पर उसका नाम रखा गया-'शिवराम'। मराठी परंपरा के अनुसार नाम के बीच में पिता का नाम लिखा जाता है और 'राजगुरु' पंडित हरिनारायण के वंश की पदवी थी। इसलिए शिशु 'शिवराम हरि राजगुरु' कहलाया, लेकिन माता-पिता स्नेहपूर्वक उसे 'शिव' कहकर पुकारते थे।

विचित्र ग्रह योग

पारिवारिक परंपरा के अनुसार हरिनारायण ने उच्च कोटि के ज्योतिषाचार्य से शिव की जन्मपत्री बनवाई। पत्री बनाते समय ज्योतिषाचार्य के चेहरे के उतार-चढ़ाव देखकर हरिनारायण चिंतित थे। वे समझ गए कि जन्मपत्री में अवश्य कोई महत्त्वपूर्ण बात लिखी हुई है। किसी अनहोनी की कल्पना से उनका दिल डूबने लगा।

जब न रहा गया तो वे व्याकुल होकर बोले, "पंडितजी! आप

इतने परेशान क्यों दिखाई दे रहे हैं? क्या पत्री में कोई दोष या किसी प्रकार का अनिष्ट है?''

''हरिनारायणजी! इस बालक की कुंडली में बड़ा विचित्र ग्रह योग है। लाखों में से किसी एक व्यक्ति की कुंडली में ऐसा योग होता है। आप बहुत भाग्यवान हैं, जो आपको ऐसा सुयोग पुत्र प्राप्त हुआ।''

ज्योतिषाचार्य की बात सुनकर हरिनारायण को थोड़ी राहत महसूस हुई, फिर वे जिज्ञासावश बोले, ''पंडितजी! इस योग का शिव पर क्या प्रभाव पड़ेगा?''

कुछ देर सोचने के बाद ज्योतिषाचार्य बोले, ''हरिनारायणजी! यह विचित्र ग्रह योग बालक को अद्भुत और प्रतिभाशाली व्यक्तित्व प्रदान करेगा। बुद्धिमत्ता इसकी चेरी होगी। दया, परोपकार, उदारता, सहिष्णुता, धैर्य और मानवता के पथ पर चलते हुए यह शिशु साधारण पुरुष से महापुरुष बनेगा। इसमें शत्रुओं का मान-मर्दन करने की शक्ति होगी। यह बालक बहुत यश प्राप्त करेगा; देश-विदेश में इसके नाम का डंका बजेगा; यह आपके कुल और देश का गौरव बनेगा। इतिहास के सुनहरे पन्नों में इसका नाम सम्मान के साथ लिखा जाएगा…।''

पुत्र का भविष्य जानकर हरिनारायण की प्रसन्नता का ठिकाना न रहा। उसका भविष्य इतना उज्जवल और सार्थक है, इसकी उन्होंने कल्पना भी नहीं की थी। उनके मन का पंछी आनंद के उन्मुक्त गगन में उड़ान भरने लगा।

''लेकिन बात यहीं समाप्त नहीं होती। यद्यपि यह योग बालक को श्रेष्ठ और युगपुरुष-रूप में स्थापित करेगा, तथापि इसका एक दुःखद पहलू भी है और उसके बारे में सोचकर मैं थोड़ा चिंतित हो रहा हूँ।'' यह कहकर ज्योतिषाचार्य गंभीर चिंतन में डूब गए।

इन शब्दों ने हरिनारायण को धरातल पर ला पटका। वे विस्मित

होकर बोले, ''पंडितजी! मैं आपकी बात नहीं समझा। कृपया स्पष्ट बताएँ।''

''बालक की कुंडली में विवाह का योग नहीं है; यह जीवनभर अविवाहित रहेगा। कुंडली को देखने से स्पष्ट होता है कि बालक अल्पायु का होगा, परंतु इतनी कम आयु में ही यह बड़े कार्यों को पूर्ण करेगा।''

हरिनारायण पर मानो वज्राघात हुआ। वे सकते में रह गए। ज्योतिषाचार्य द्वारा कहे गए कथन ने उनके मन-मस्तिष्क को बुरी तरह से हिलाकर रख दिया, लेकिन भाग्य पर किसका जोर है! ईश्वर के लिखे को कोई मिटा नहीं सकता। यही सोचकर उन्होंने स्वयं को सँभाल लिया।

पिता की मृत्यु

काल के चक्र से आज तक कोई मनुष्य नहीं बच पाया। इसमें राजा को रंक और रंक को राजा बनाने की शक्ति है। यही कारण है कि इसकी महत्ता को सदियों से स्वीकार किया गया। वक्त के इन्हीं थपेड़ों के कारण जीवन के आरंभिक वर्षों में शिव को पितृ-स्नेह से वंचित होना पड़ा। यह वह आघात था, जो मनुष्य के अंतर्मन को कुचलकर उसे दीन, निर्बल और असहाय बना देता है।

यद्यपि शिव का जन्म सुसंस्कृत परिवार में हुआ था, तथापि उसका बचपन आनंदमय नहीं रहा। पंडित कचेश्वर के समय से ही रजवाड़ों में 'राजगुरु' वंश की तूती बोलती थी। आर्थिक संपन्नता और सुख-समृद्धि उनकी चेरी थी, लेकिन बीतते समय के साथ-साथ उनके प्रभाव में कमी होती गई। हरिनारायण तक आते-आते स्थिति इतनी गंभीर हो गई कि उनका परिवार आर्थिक संकटों में घिर गया। वे धार्मिक कर्मकांड एवं यज्ञादि करके जैसे-तैसे परिवार का भरण-पोषण कर रहे थे, परंतु अभावों का इतना प्रकोप था कि

कभी-कभी उन्हें भूखे ही रह जाना पड़ता था।

अथक परिश्रम और पर्याप्त भोजन के अभाव के कारण हरिनारायण भयंकर व्याधि से ग्रसित हो गए। वैद्यों एवं हकीमों से बहुत इलाज करवाया गया, लेकिन सब व्यर्थ। बीमारी किसी भी तरह से उन्हें छोड़ने को तैयार नहीं थी। रोग व उपचार के लंबे दौर के बाद अंतत: उन्होंने सदा के लिए आँखें मूँद लीं। उस समय शिवराम की आयु मात्र छह वर्ष थी। यद्यपि इस उम्र में उसे मृत्यु का सही अर्थों में ज्ञान नहीं था, लेकिन वह इतना अवश्य समझ गया था कि अब पिता उसे स्नेहवश आगोश में नहीं ले सकेंगे और न ही उसे कंधे पर बिठाकर घुमाने ले पाएँगे।

'बापू साहेब'

भीमा नदी पर पुल का निर्माण कार्य बड़े ज़ोर-शोर से चल रहा था, परंतु नदी के तीव्र प्रवाह के कारण प्रतिदिन पुल का कोई-न-कोई भाग टूटकर बह जाता था। अंधविश्वास के चलते धीरे-धीरे आस-पास के गाँवों में अफवाह फैलने लगी कि पुल पर ऐसे भूत-प्रेतों का वास है, जो बलि माँग रहे हैं। उनके प्रकोप को शांत करने के लिए छोटे बच्चों की बलि दी जाएगी। इसके फलस्वरूप लोग भयभीत हो उठे। उन्होंने बच्चों का घर से अकेले बाहर निकलना बंद कर दिया। इतना ही नहीं, वे गाँव में आने वाले प्रत्येक अपरिचित व्यक्ति को संदेह की दृष्टि से देखने लगे।

एक दिन पार्वती अपने पुत्र शिव के साथ बाजार जा रही थीं। मार्ग में पीपल के वृक्ष के नीचे उन्हें एक साधु बैठा हुआ दिखाई दिया। उसकी नजरें शिवराम पर टिकी हुई थीं। बीच-बीच में उसके होंठों पर मुसकराहट उभर आती। पार्वती ने इससे पहले उस साधु को गाँव में कभी नहीं देखा था। अनहोनी की आशंका से वे भयभीत हो उठीं।

उन्होंने शिवराम को ओट में लिया और साधु से कठोर स्वर में बोलीं, "कौन हो तुम?"

"ईश्वर का एक बंदा।" साधु ने शांत स्वर में कहा।

"पहले तो तुम्हें इस गाँव में नहीं देखा?" पार्वती ने अगला प्रश्न किया।

"माई, मैं रामेश्वर जा रहा हूँ। विश्राम करने के लिए यहाँ ठहरा हूँ।"

पार्वती को साधु की बात पर तनिक भी विश्वास नहीं हुआ। वे पुनः कठोर स्वर में बोलीं, "मुझे तो तुम कोई धूर्त प्रतीत होते हो।"

साधु हँसते हुए बोला, "माई, धूर्तता तो सांसारिक लोगों का दोष है। भला हम जैसे विरक्त साधुओं को इससे क्या काम? हम तो सांसारिक गुण-दोषों को त्यागकर केवल भक्ति में ही डूबे रहते हैं।"

"फिर तुम मेरे पुत्र को एकटक क्यों देख रहे थे?" पार्वती ने मुख्य बात पर आते हुए पूछा।

"माई, तेरा पुत्र केवल तेरा नहीं है; अपितु भारतवर्ष का पुत्र है। यह साक्षात् भगवान् काशी विश्वनाथ का अंश है, जिसने तेरे गर्भ से जन्म लिया है। इसके ललाट की रेखाएँ बता रही हैं कि भविष्य में यह बालक पापियों और अत्याचारियों का संहार करेगा। इसके शौर्य से तुम्हारा वंश सदैव के लिए अमर हो जाएगा।"

तदंतर पार्वती के मन में आनंद का भाव छोड़कर साधु वहाँ से चला गया।

शिवराम का जन्म श्रावण महीने के सोमवार को हुआ था, इसलिए पार्वती को साधु की बात पर पूरा विश्वास हो गया। 'शिवराम भगवान् शिव का अंशरूप है' यह सोचकर उनका मन प्रफुल्लित हो उठा।

इस घटना के बाद से वे पुत्र को 'शिव' के स्थान पर 'बाबू साहेब' कहकर पुकारने लगीं। □

3

दमनकारी रोलेट एक्ट और जलियाँवाला हत्याकांड

प्रथम विश्वयुद्ध के दौरान मार्च 1919 में ब्रिटिश सरकार ने भारत में 'रोलेट एक्ट' प्रभावी कर दिया। इस अधिनियम का कार्य भारत में क्रांतिकारी गतिविधियों एवं आंदोलनों को रोकना था। इसके अंतर्गत पुलिस अधिकारियों को जाँच-पड़ताल के बिना किसी भी व्यक्ति को जेल में डालने तथा दमनकारी हथकंडों को अपनाने का अधिकार दिया गया था।

एक्ट के रूप में अंग्रेजों को 'ब्रह्मास्त्र' मिल गया था। उन्होंने अकारण ही कई राजनीतिक नेताओं को जेलों में ठूँस दिया और शांतिपूर्वक एवं अहिंसात्मक प्रदर्शनों को भी प्रतिबंधित कर दिया। इससे भारतीय नेताओं एवं जनता में रोष बढ़ गया। गांधीजी ने अपील की कि राजनीतिक बंदियों को इस एक्ट से मुक्त रखा जाए, लेकिन सरकार ने उनकी बात अनसुनी कर दी।

विरोधस्वरूप गांधीजी ने देशव्यापी अहिंसात्मक हड़ताल का आह्वान किया। देखते-ही-देखते देशभर के सभी सरकारी एवं गैर-सरकारी कामकाज ठप्प कर दिए गए। विद्यार्थी भी स्कूल-कॉलेज छोड़कर हड़ताल में सम्मिलित हो गए। देश के विभिन्न स्थानों में शांतिपूर्वक प्रदर्शन किए गए तथा गिरफ्तारियाँ दी गईं। गांधीजी को भी बंदी बना लिया गया।

इस अवसर पर दिल्ली में हिंदू-मुसलिम एकता का अद्‌भुत उदाहरण प्रस्तुत करते हुए लोगों ने शांतिपूर्वक जुलूस निकाला, लेकिन सरकार को यह बरदाश्त नहीं था। उसने भीड़ को तितर-बितर करने के लिए निहत्थे लोगों पर गोलियाँ चलवा दीं। इस नरसंहार में कई लोग शहीद हो गए, जबकि कई बुरी तरह से घायल हुए। लाहौर, अंबाला, अमृतसर, जालंधर सहित समस्त उत्तर भारत में इसी दिन हड़ताल हुई और पुलिस ने वहाँ भी दिल्ली जैसी दमनकारी नीतियों का भरपूर उपयोग किया।

इससे कुछ स्थानों पर तनाव उत्पन्न हो गया और आंदोलनकारियों द्वारा हिंसा करने के समाचार आने लगे। बाद में गांधीजी ने स्वयं को जिम्मेदार ठहराते हुए रोलेट एक्ट के विरुद्ध सत्याग्रह को स्थगित कर दिया।

पंजाब में डॉ. सत्यपाल और डॉ. सैफुद्‌दीन किचलू के नेतृत्व में रोलेट एक्ट का विरोध बड़ी तेजी से बढ़ता जा रहा था। परिणामस्वरूप 10 अप्रैल को दोनों नेता बंदी बना लिए गए। सरकार के इस कृत्य से लोगों में रोष की लहर दौड़ गई। इसका जवाब माँगने के लिए जुलूस के रूप में वे कमिश्नर के बँगले की ओर चल दिए, लेकिन अधिकारियों के आदेश पर सैनिकों ने जुलूस पर गोलियाँ चला दीं। कुछ ही देर में सड़क लाशों से पट गई।

इस भीषण नरसंहार ने लोगों को विचलित कर दिया और उन्होंने 13 अप्रैल को एक सभा के आयोजन का निश्चय किया।

जलियाँवाला हत्याकांड

13 अप्रैल, 1919 को चारों ओर बैसाखी की धूम थी। सिक्खों का पवित्र नगर अमृतसर सूर्य-रश्मियों के साथ-साथ आनंद और उत्साह से भरपूर था। मिठाइयों, कपड़ों और खिलौनों की कल्पनाएँ करते हुए बच्चे सुबह-सवेरे नहा-धोकर गुरुद्वारे जाने के लिए तैयार

थे, लेकिन इन सबसे दूर अमृतसर के पवित्र स्वर्णमंदिर के पास स्थित जलियाँवाला बाग में आज विशेष हलचल थी। स्वतंत्रता के प्रेमी तेजी से उस ओर बढ़ रहे थे। आज वह बाग गुरुद्वारे की तरह पवित्र हो गया था। धीरे-धीरे बाग खचाखच भर गया। लगभग 6 हजार पुरुष, महिलाएँ और बच्चे वहाँ जमा थे।

निर्धारित समय पर सभा प्रारंभ हुई। सर्वप्रथम रोलेट एक्ट के विरोध में भाषण दिए गए, तत्पश्चात् सरकार की दमनकारी नीतियों की आलोचना की गई। सभा पूरे उफान पर थी; 'वंदेमातरम्' के उद्घोष से पूरा बाग गूँज रहा था।

सरकारी गुप्तचरों से कुछ ही देर गें पंजाब के तत्कालीन गवर्नर माइकल ओ' डायर को इस सभा की सूचना मिल गई। उसने जनरल रेजीनोल्ड डायर को सभा भंग करने का आदेश दिया। अस्त्र-शस्त्रों से युक्त 90 सैनिकों को साथ लेकर डायर उसी समय सभास्थल की ओर चल पड़ा।

जलियाँवाला बाग चारों ओर से बड़ी-बड़ी दीवारों से घिरा हुआ था। इसमें प्रवेश करने का केवल एक ही द्वार था और वह भी इतना सँकरा था कि उससे सिर्फ एक-एक करके अंदर या बाहर आया जा सकता था। जनरल डायर के आदेश पर सैनिक बाग में घुस गए और मुख्य द्वार पर खड़े होकर लोगों की ओर बंदूकें तान दीं। बेखबर लोग भाषण सुनने में मग्न थे।

सहसा जनरल डायर का स्वर गूँजा, "फायर! शूट द ब्लडी इंडियन डॉग्स!"

आदेश मिलते ही सैनिकों ने बंदूकों का मुँह खोल दिया और गोलियों की पहली बौछार ने अनेक लोगों को खून से नहला दिया।

इस हमले की जनरल डायर ने कोई पूर्व चेतावनी नहीं दी थी। परिणामस्वरूप अचानक हुई फायरिंग से चारों ओर भगदड़ मच गई। कुछ देर पहले तक जो स्थान देशभक्ति के नारों से गूँज रहा था,

वहाँ अब चीख-पुकार थी। लोग जान बचाकर द्वार की ओर भागे, परंतु जिन्होंने भी उस ओर मुँह किया, वहाँ तैनात सैनिकों ने उन्हें छलनी कर दिया। कोई चारा न देखकर लोग बाग की ऊँची-ऊँची चारदीवारी लाँघने की कोशिश करने लगे, लेकिन उसमें भी असफलता हाथ लगी। बाग के बीचोबीच एक कुआँ था। जान बचाने के लिए औरतों ने बच्चों सहित उसमें छलाँग लगा दी, लेकिन वह कुआँ भी काल का मुख सिद्ध हुआ।

कुछ देर बाद जनरल डायर लौट गया और पीछे छोड़ गया भारत के इतिहास का सबसे काला और घिनौना कृत्य!

जलियाँवाला बाग–लाशों से पटा हुआ; रक्त से सनी मिट्टी वाला; जिंदगी के लिए लड़ते लोगों की कराहों से जर्जर। अंग्रेज सैनिकों की गोलियों ने न तो औरतों को छोड़ा था और न ही बच्चों को। खून से भीगी लाशें, माँस के लोथड़े की तरह बिखरे बच्चे–इस वीभत्स दृश्य को देखकर कठोर हृदय वाले भी द्रवित हो गए। इस नृशंस संहार में अनगिनत लोगों को अपनी जान से हाथ धोना पड़ा।

जलियाँवाला हत्याकांड ने समूचे भारत को हिलाकर रख दिया; स्वतंत्रता के लिए जूझते भारतीयों के मन-मस्तिष्क को झंझोड़ दिया। इसकी आलोचना न केवल भारत में वरन् देश से बाहर भी की गई। यद्यपि सरकार ने इस हत्याकांड को दबाने की बहुत कोशिश की, लेकिन देशभक्तों ने देशभर में इसकी सूचना प्रसारित कर दी। भारत का छोटे-से-छोटा क्षेत्र भी इससे अनभिज्ञ न रहा।

क्रांति का बीजारोपण

"इस बार अंग्रेज सिपाहियों ने अमृतसर में अपनी क्रूरता दिखा दी। उनसे दया या सहानुभूति की उम्मीद रखना मूर्खता है।"

"सही कह रहे हैं आप। आज तक सुनता आया था कि वे जंगली जानवरों से अधिक खतरनाक और वहशी हैं। निर्दोष लोगों

पर गोलीबारी करके उन्होंने इस कथन को सत्य सिद्ध कर दिया है।"

"उन्होंने औरतों और बच्चों को भी बाहर जाने का रास्ता नहीं दिया; उन्हें भी गोलियों से भून डाला।"

"अंग्रेज सरकार भला किसकी हुई है? उसके लिए हम सब एक समान हैं। वह हमें इतना कुचल देना चाहती है कि कोई उसके विरुद्ध सिर न उठा पाए।"

"ठीक कहा। आंदोलनकारी शांतिपूर्वक विरोध करना चाहते हैं, परंतु लगता है कि उन्हें यह भी सहन नहीं है। न जाने कब कोई आकर हमें इस गुलामी से मुक्ति दिलवाएगा? मेरा वश चले तो सबको गोलियों से भून डालूँ।"

अध्यापक कक्ष से आती आवाजों को बाहर खड़ा शिवराम गंभीरता से सुन रहा था। यद्यपि उसके बाल-सुलभ मस्तिष्क में ये बातें अस्पष्ट थीं, परंतु वह इनका अर्थ जानना था।

तभी घंटी बज गई और विद्यार्थी अपना-अपना सामान समेटकर घर की ओर दौड़ पड़े। कंधे पर किताबों का झोला लटकाए शिवराम भी घर की ओर चल दिया, लेकिन उसके कानों में वे बातें गूँज रही थीं, जो उसने आज सुनी थीं। इससे उसके बाल-मन में अनेक प्रश्न उत्पन्न होने लगे—'अंग्रेज भारतीयों पर अत्याचार क्यों कर रहे हैं? देशभक्त लोग कौन हैं? वे भारत को माता क्यों कहते हैं? वे क्यों काम-धंधे तथा पढ़ाई छोड़कर अंग्रेजों से लड़ते हैं और अपनी जान देने से भी पीछे नहीं हटते?'

इन अनसुलझे प्रश्नों को समझ पाना दस वर्षीय शिवराम के लिए सहज नहीं था, लेकिन उत्तर जानना भी जरूरी था।

खेड़ गाँव में एक वृद्ध रहते थे। कभी वे अंग्रेज सेना में सिपाही थे। 1857 की क्रांति के बाद उन्होंने सेना छोड़ दी और गाँव में रहकर खेतीबाड़ी करने लगे। उनके बारे में कहा जाता था कि वे गुपचुप तरीकों से क्रांतिकारियों की सहायता करते हैं। देश में

घटित होनेवाली घटनाओं की उन्हें पर्याप्त जानकारी रहती थी। शिवराम को अपने प्रश्नों का उत्तर उनसे मिल सकता था, इसलिए वह उनसे मिलने पहुँच गया। भरी दोपहर में उसे आया देखकर वृद्ध असमंजस में पड़ गया। उसने स्नेहपूर्वक शिवराम को बिठाया और आने का कारण पूछा।

"दद्दा! मुझे कुछ पूछना था।" शिवराम अटकते हुए बोला, "क्या आप बता सकते हैं कि देशभक्त कौन हैं और वे क्या करते हैं?"

छोटे-से बालक के मुख से यह प्रश्न सुनकर वृद्ध विस्मित रह गया। तदंतर हँसते हुए बोला, "तुमने इतनी बड़ी-बड़ी बातें कहाँ से सीख लीं?"

"आज स्कूल में मास्टरजी बात कर रहे थे, तभी मैंने उनकी बातें सुनी थीं। उन्हें समझने के लिए ही मैं आपके पास आया हूँ।" शिवराम ने धीरे से कहा।

नन्हे शिवराम की जिज्ञासा देखकर वृद्ध की आँखें चमक उठीं और वह उत्तर देते हुए बोला, "बेटा! वह हर व्यक्ति देशभक्त है, जो देश के लिए अपना सबकुछ न्योछावर कर देना चाहता है। वह अपने लिए नहीं जीता; उसका जीवन समाज और राष्ट्र के लिए होता है। देशसेवा उसका प्रमुख कार्य है। इसके लिए वह निजी सुखों को भी त्याग देता है।"

"भारतमाता कौन है? देशभक्त इसे क्यों और किससे आजाद करवाना चाहते हैं?" शिवराम ने अगला प्रश्न किया।

"भारत की यह पवित्र भूमि हमारी जननी है। देशभक्त इसे भारतमाता कहते हैं। हम सब इसकी संतान हैं। अंग्रेजों ने हमारी जननी के गौरव और स्वाभिमान को कुचलकर इसे गुलाम बना लिया है। गुलामी की बेड़ियों में जकड़ी भारतमाता मुक्ति के लिए अपने पुत्रों का आह्वान कर रही है। देशभक्त अपने प्राण देकर भी

इसे स्वतंत्र करवाना चाहते हैं।''

''जलियाँवाला बाग में अंग्रेज सिपाहियों ने निर्दोष लोगों को क्यों मारा? वे शांतिपूर्वक सभा कर रहे थे। भला उनका क्या दोष था?'' मासूम शिवराम ने अगला प्रश्न किया।

वृद्ध थोड़ी देर तक शिवराम को एकटक देखता रहा और फिर उसके सिर पर हाथ फेरते हुए बोला, ''बेटा! अंग्रेज कायर और डरपोक हैं। उन्हें हर उस व्यक्ति से डर लगता है, जो देशभक्ति की बातें करता है। वे जानते हैं कि जिस दिन भारतमाता के पुत्र एकजुट हो गए, उन्हें यहाँ से भागना पड़ेगा, इसलिए वे निहत्थे और निर्दोष लोगों पर गोलीबारी करके बहादुरी का दम भरते हैं, लेकिन एक दिन ऐसा आएगा जब हममें से कोई उन्हें मुँहतोड़ जवाब देगा; उनसे उन्हीं की भाषा में बात करेगा।'' अंतिम वाक्य कहते-कहते वृद्ध का स्वर कठोर हो गया था।

नन्हे शिवराम की धमनियों में तेजी से रक्त दौड़ने लगा; चेहरे पर दृढ़ता के भाव प्रलक्षित होने लगे। वह स्वयं को एक देशभक्त के रूप में देखने लगा। वृद्ध की ओर देखते हुए वह कठोर स्वर में बोला, ''दद्दा! बड़ा होकर मैं भी भारतमाता की मुक्ति के लिए युद्ध करूँगा और उसके लिए अपना सबकुछ न्योछावर कर दूँगा।''

''हाँ, बेटे! तुम ऐसा जरूर करना। भारतमाता को तुम जैसे पुत्रों की ही जरूरत है।'' वृद्ध का गला भर आया।

इस घटना के बाद से शिवराम के हृदय में क्रांति का बीजारोपण हो गया।

□

4

घर से पलायन

"शिव! तुम खेलकूद छोड़कर पढ़ाई पर ध्यान क्यों नहीं देते? अगले महीने तुम्हारी परीक्षाएँ हैं।" शिवराम के बड़े भाई दिनकर ने कठोर स्वर में कहा।

"भैया! मैं उससे पहले ही पढ़ाई पूरी कर लूँगा।" शिवराम ने लापरवाही के साथ उत्तर दिया।

"ऐसे कैसे पढ़ाई पूरी कर लोगे? मास्टरजी शिकायत कर रहे थे कि तुमने अभी तक किसी भी विषय की तैयारी पूरी नहीं की।" दिनकर के स्वर की कठोरता पूर्ववत् बनी रही।

"मास्टरजी का काम शिकायत करना है। वे वैसे ही आपके कान भरते रहते हैं। हिंदी, संस्कृत, गणित–आप मेरे किसी भी विषय की परीक्षा ले सकते हैं। इससे आपको स्वयं पता चल जाएगा कि मैंने तैयारी की है या नहीं।" शिवराम ने प्रतिवाद किया।

"तीनों विषयों को छोड़कर अंग्रेजी की बात करो। क्या तुम उसकी परीक्षा दे सकते हो?"

दिनकर का मानना था कि तत्कालीन समय में सरकारी नौकरी एवं उन्नति के लिए अंग्रेजी भाषा का ज्ञान बहुत आवश्यक है। उनके कई मित्र अंग्रेजी का ज्ञान होने के कारण ऊँचे सरकारी पदों पर नियुक्त थे और अच्छी-खासी आय अर्जित करके परिवार के लिए सुख-सुविधाएँ जुटा रहे थे। वे चाहते थे कि शिवराम भी अंग्रेजी का ज्ञान प्राप्त करें, परंतु इसके विपरीत सोलह वर्षीय

शिवराम अंग्रेजी भाषा को ब्रिटिश सरकार का वह अस्त्र मानता था, जिससे वह भारतीयों को दबाकर उनका शोषण कर रही थी, इसलिए वह इसे नापसंद करता था।

"अंग्रेजी!" शिवराम थोड़ा चौंका और फिर संयत होकर बोला, "मुझे यह विषय बिलकुल पसंद नहीं है, इसलिए मैंने इसकी तैयारी नहीं की। आप किसी और विषय की परीक्षा ले लें।"

"क्या?" दिनकर क्रोधित होकर बोला, "इसमें उत्तीर्ण हुए बिना परीक्षा में सफलता नहीं मिलेगी, यह जानने के बाद भी तुमने तैयारी नहीं की? आखिरकार तुम अंग्रेजी से इतना दूर क्यों भागते हो?"

"क्योंकि मैं अंग्रेजपरस्त नहीं बन सकता।"

"क्या मतलब?" इस बार दिनकर ने चौंककर पूछा।

शिवराम ने स्पष्ट शब्दों में उत्तर दिया, "अंग्रेजी सीखकर न तो मुझे सरकारी नौकरी करनी है और न ही अंग्रेजों का चाटुकार बनकर अपने देशवासियों पर शासन करना है? इसलिए मैं अंग्रेजी नहीं सीखना चाहता।"

"नौकरी नहीं करोगे तो क्या ऐसे आवारा की तरह ही जिंदगी बिता दोगे?"

"भैया! मैंने सोच लिया है कि नौकरी करने की अपेक्षा मैं देशसेवा करते हुए अपना जीवन बिता दूँगा।"

"शिव! ये बातें केवल सुनने में अच्छी लगती हैं। वास्तविकता के धरातल पर इनका कोई मूल्य नहीं है। इन खोखली बातों से पेट नहीं भरता और न ही परिवार का पालन-पोषण होता है। इसलिए हठ छोड़कर चुपचाप पढ़ाई पर ध्यान लगाओ।" दिनकर ने समझाते हुए कहा।

लेकिन शिवराम पर कोई असर नहीं हुआ। वह अपने निश्चय पर अडिग रहा। तब दिनकर आवेश में भरकर बोला, "तुम्हारी ऐसी इच्छा है तो यही सही, परंतु अब तुम इस घर में नहीं रह सकते। यहाँ

से अभी निकल जाओ। मैं ऐसे व्यक्ति पर अपना समय और धन बरबाद नहीं कर सकता, जिसे परिवार से अधिक देश से प्यार हो।''

दिनकर ने सोचा था कि धमकी से घबराकर शिवराम अपना निश्चय बदल लेगा, परंतु यह सोच कितनी गलत थी, इसका भान उसे उसी समय हो गया। आदेश पाते ही शिवराम ने माता का आशीर्वाद लिया और घर से निकल पड़ा।

घुमक्कड़ यायावर

सन् 1924; शाम के लगभग पाँच बजे थे। शरीर पर धोती-कमीज और सिर पर टोपी पहने शिवराम के कदम किसी अनजाने स्थान की ओर तेजी से बढ़ रहे थे। उसकी मुसकान मानो बंदीगृह से निकलने की प्रसन्नता प्रकट कर रही थी। माता, भाई, परिवार-आज वह हर रिश्ते से मुक्त था। बड़े भाई दिनकर ने घर से निकालकर उसके मार्ग की बाधाएँ स्वतः हटा दी थीं। यद्यपि उसकी जेब में सिर्फ तीन आने थे, लेकिन न तो उसे खाने की चिंता थी और न ही रहने की; चिंता थी तो पूना से शीघ्र निकल जाने की। वह नहीं चाहता था कि माता के कहने पर दिनकर अपना निर्णय बदले या पारिवारिक स्नेह उनके पैरों की बेड़ी बन जाए।

शाम का धुंधलका गहराने लगा; अँगड़ाइयाँ लेता सूरज पश्चिम की गोद में सिमट चुका था। दिनभर के थके-माँदे लोग अपने घरों की ओर लौट रहे थे। उन्हें देखकर शिवराम को भी पलभर के लिए घर की याद आ गई, लेकिन फिर सिर को झटककर वह रेलवे स्टेशन की ओर चल पड़ा। वह रात उसने स्टेशन के मुसाफिरखाने में व्यतीत की।

अगले दिन भोर होते ही उसने आगे की ओर प्रस्थान किया।

अनेक दिनों की लंबी पैदल यात्रा के बाद अंततः घुमक्कड़ यायावर नासिक पहुँचा। इस दौरान उसने कभी भूखे रहकर, कभी

अधपेट खाकर तो कभी पानी पीकर गुजारा किया।

मंदिरों व वैदिक मंत्रों के गूँजते स्वरों का शहर नासिक अपनी धर्म-परायणता के साथ-साथ संस्कृत भाषा के लिए भी प्रसिद्ध था। यहाँ के धार्मिक वातावरण ने शिवराम को अत्यंत प्रभावित किया। इसके फलस्वरूप उसके मन में संस्कृत सीखने की इच्छा जाग उठी। उसने एक आश्रम के स्वामीजी के समक्ष अपनी इच्छा व्यक्त की। सहृदय स्वामीजी ने उसकी शिक्षा का प्रबंध कर दिया। इसके साथ ही आश्रम में रहने और खाने की व्यवस्था भी हो गई।

शिवराम का जन्म भोग-विलासिता या अध्ययन-मात्र के लिए नहीं हुआ था। उसके भाग्य में विधाता ने कुछ ऐसा लिखा था, जो सांसारिक भौतिकवाद से कोसों दूर था। चार दिन में उसका मन उचट गया। शिक्षा, भोजन और रहने का लालच उसे बाँधकर नहीं रख सका, फिर किसी को कुछ बताए बिना अचानक उसने आश्रम छोड़ दिया।

विभिन्न स्थानों से होते हुए अंततः वह भगवान् विश्वनाथ की मोक्षदायिनी नगरी 'काशी' में जा पहुँचा।

पाँच का मनीऑर्डर

काशी के अहिल्याबाई आश्रम के महंत पांडुरंग पंत जोशी पंडित हरिनारायण के पुराने परिचित थे। उन्होंने पंडित हरिनारायण के पुत्र शिवराम को आश्रम आया देख स्नेह के साथ उसके रहने की व्यवस्था आश्रम में ही कर दी। वहाँ वह संस्कृत का अध्ययन करने लगा। दूसरे दिन उसने अपनी सूचना देते हुए भाई को पत्र लिखा, "आप मेरी चिंता न करें। मैं सकुशल हूँ और काशी में रहकर संस्कृत का अध्ययन कर रहा हूँ। शिक्षण पूर्ण होने पर शीघ्र मिलने के लिए घर आऊँगा।"

उधर, शिवराम के घर से चले जाने के बाद से माँ-भाई बहुत चिंतित थे।

'शिवराम को व्यर्थ घर से निकाल दिया। उसे ठीक से समझाना चाहिए था। अगर उसे कुछ हो गया तो लोग तरह-तरह की बातें करेंगे।' यह सोचकर दिनकर स्वयं को धिक्कार रहा था। उसने शिवराम को ढूँढ़ने की बहुत कोशिश की; सगे-संबंधियों से पूछताछ की, लेकिन वह नहीं मिला। तरह-तरह के कुविचार उस पर हावी होने लगे। पुत्र-वियोग में पार्वती भी दुःखी थीं। 'जिस पुत्र को सीने से लगाकर रखा था, पलभर में उसे अपने से अलग कर डाला। न जाने कहाँ होगा; क्या खाता होगा; कब लौटकर आएगा?' द्वार की ओर नजरें लगाए वे यही सोचती रहती थीं।

इसी बीच काशी से आया पत्र उनके व्यथित हृदय पर मरहम लगाने वाला सिद्ध हुआ। उसकी कुशलता जानकर पार्वती की जान-में-जान आई।

'इधर-उधर भटकने के स्थान पर वह काशी में अध्ययन कर रहा है' यह बात दिनकर के लिए संतोषप्रद थी। प्रसन्न होकर उसने पत्र का उत्तर लिखा, "तुम निश्चिंत होकर अध्ययन करो। रुपयों की चिंता मत करना; मैं प्रतिमाह कुछ रुपए भेजता रहूँगा।"

इसके बाद वह शिवराम को प्रतिमाह पाँच रुपए का मनीऑर्डर भेजने लगा।

□

5

स्वाभिमान की जय

अहिल्याबाई आश्रम में रहने वाले विद्यार्थी आस-पास के घरों से पका हुआ भोजन माँगकर लाते थे। इसे वे 'माधुकरी' कहते थे। उनके भोजन का यही एकमात्र साधन था। पंतजी ने शिवराम को भी कुछ घर बता दिए थे, जहाँ से उसे भिक्षा लानी थी। प्रतिदिन नित्यकर्म से निवृत्त होने के बाद वह याचक की भाँति घर-घर जाकर भिक्षा माँगता था। कुछ दिन तक यह क्रम चलता रहा, लेकिन स्वाभिमानी शिवराम के आत्म-सम्मान को इससे ठेस पहुँच रही थी। घर छोड़ने के बाद वह अनेक बार भूखा रहा था, परंतु कभी किसी के आगे हाथ नहीं फैलाए थे। उसकी दृष्टि में भिक्षा माँगकर जीवनयापन करने की अपेक्षा मृत्यु का वरण करना अधिक सम्मानीय था। अत: उसने स्वयं को इससे अलग कर लिया।

अब भाई द्वारा भेजे जाने वाले पाँच रुपए उसका एकमात्र सहारा थे। यद्यपि रुपए समय से आ जाते थे, लेकिन भोजन एवं पढ़ाई पर होनेवाले खर्च की तुलना में यह राशि बहुत कम थी। दिनकर की स्थिति भी इतनी सुदृढ़ नहीं थी कि वह पर्याप्त धन भेज पाता। ऐसी विकट स्थिति ने शिवराम को चिंता में डाल दिया।

काशी के कुछ विद्वान् पंडित आश्रम में आकर विद्यार्थियों को विभिन्न विषय पढ़ाया करते थे। उनमें से एक पंडितजी पिछले कई दिनों से शिवराम को चिंतित देख रहे थे। एक दिन उन्होंने उससे पूछ लिया, "शिवराम, आजकल पढ़ाई पर तुम ठीक से ध्यान नहीं

दे रहे हो क्या बात है?''

'उसकी समस्या जानकर गुरुजी व्यर्थ में परेशान होंगे' यह सोचकर शिवराम बात टालते हुए बोला, ''कुछ विशेष नहीं है। बस मेरा मन नहीं लग रहा; माँ की याद आ रही है।''

पंडितजी बड़ी घाघ प्रवृत्ति के थे। उनकी अनुभवी आँखों से कुछ छिपा पाना असंभव था। वे झूठ ताड़ गए। तदंतर बातों में स्नेह का रस घोलते हुए बोले, ''बेटा! यदि तुम सत्य नहीं बताना चाहते हो तो न सही, परंतु मेरे विचार में समस्या बताने से उसका समाधान सरलता से निकाला जा सकता है। हो सकता है कि मैं तुम्हारी कुछ सहायता कर सकूँ, बाकी जैसी तुम्हारी मरजी।''

इन स्नेहयुक्त शब्दों ने शिवराम को भावुक कर दिया और उसने सारी समस्या उनके समक्ष उजागर कर दी।

पंडितजी ऐसे विश्वसनीय नौकर की तलाश में थे, जो उनके घर में रहकर ही छोटे-मोटे घरेलू काम कर सके। ईमानदार और परिश्रमी शिवराम के रूप में उन्हें अपनी तलाश पूरी होती दिखाई दी। वह जरूरतमंद है, यह देखकर पंडितजी अपनत्व का जाल फेंकते हुए बोले, ''अरे, बस इतनी-सी बात! यदि तुम मुझे पहले बता देते तो इतना परेशान होने की जरूरत न पड़ती। अब चिंता छोड़ो और मेरे घर चलो। आज से तुम्हारे रहने और खाने की व्यवस्था करने की जिम्मेदारी मेरी है।''

परंतु स्वाभिमानी शिवराम को उन पर बोझ बनना पसंद नहीं था। वह सकुचाते हुए बोला, ''यह भिक्षा माँगकर जीवनयापन करने के समान है। मैं ऐसा नहीं कर सकता; मेरी आत्मा मुझे इसकी अनुमति नहीं देगी।''

''शिवराम! इसमें लज्जित होने की बात नहीं है। यदि तुम्हें किसी से सहायता लेना पसंद नहीं है तो तुम मेरे घर के छोटे-मोटे काम करके उसका प्रतिकार चुका देना। इससे तुम्हारे रहने-खाने की समस्या

सुलझ जाएगी और तुम्हारा स्वाभिमान भी खंडित नहीं होगा।''

इस पैंतरे ने शिवराम को चारों खाने चित कर दिया। पंडितजी की बात उसे उपयुक्त प्रतीत हुई और वह उसी दिन सामान समेटकर उनके घर पहुँच गया।

लेकिन पंडितजी का स्वार्थ अधिक दिनों तक छिप न सका। शीघ्र ही घरेलू काम का बोझ बढ़ने लगा और अध्ययन में कटौती होने लगी। धीरे-धीरे शिवराम की आँखों से झूठे स्नेह का परदा हटने लगा। उसे उनकी मंशा का पता लग चुका था।

'इस गुलामी से तो भूखे मरना अधिक अच्छा है' यह सोचकर उसका मन विरक्ति से भर उठा और उसने उसी समय वह घर छोड़ दिया।

पंडितजी के घर में शिवराम ने कितना परिश्रम किया था, इस बारे में उन्होंने एक बार कहा था, ''निर्धनता एक अभिशाप है। इसी निर्धनता के कारण मुझे कोल्हू के बैल की तरह दिन-रात पिसना पड़ा; गालियाँ और झिड़कियाँ सुननी पड़ीं। रोटी के दो टुकड़ों और अध्ययन के लिए अपमान व तिरस्कार सहना पड़ा। वहाँ मैं निरंतर आत्मग्लानि की आग में जलता था। गुलामी की बेड़ियों ने मुझे बुरी तरह से जकड़ लिया था, इसलिए मैं सबकुछ छोड़कर चला आया।''

इस घटना के बाद शिवराम छोटे बच्चों को संस्कृत पढ़ाने लगा। इससे उसकी आर्थिक समस्या का समाधान हो गया।

सावरगांवकर से मित्रता

शिवराम प्रातःकाल गंगा में स्नानादि करने के बाद भगवान् सूर्यदेव को अर्घ्य देता था। तदंतर वहीं बैठकर 'वेदों' का पाठ करता था। यह उसका प्रतिदिन का नियम था। एक दिन तट पर बैठा एक युवक उसकी इस क्रिया को बड़े ध्यान से देख रहा था। शब्द-उच्चारण के ढंग से उस युवक ने अनुमान लगा लिया था कि वह महाराष्ट्र

से संबंधित है।

जब पूजा-अर्चना से निवृत्त होकर शिवराम वहाँ से चलने लगा तो वह युवक निकट आकर मराठी में बोला, "तुम्हारा नाम क्या है?"

काशी में किसी युवक को मराठी बोलते देखकर शिवराम को सुखद आश्चर्य हुआ। उसने मराठी में ही उत्तर दिया, "मेरा नाम शिवराम हरि राजगुरु है, लेकिन तुम कौन हो?"

"मेरा नाम श्रीराम बलवंत सावरगांवकर है। कुछ दिन पहले यहाँ आया हूँ।" युवक ने अपना परिचय दिया।

अनजाने शहर में दो मराठियों के बीच यह औपचारिक मुलाकात शीघ्र ही प्रगाढ़ मित्रता में बदल गई। यह मित्रता जीवनपर्यंत बनी रही। उनकी विचारधाराएँ, देश के लिए मर-मिटने का जज्बा और रुचियाँ एक समान थीं। 'दो शरीर और एक प्राण' की कहावत उन पर अक्षरशः सटीक बैठती थी। शिवराम बचपन से ही क्रांतिकारी विचारों से प्रभावित था, जबकि सावरगांवकर भी देशभक्ति को सर्वोपरि मानता था। अतः दोनों मित्रों ने देश के लिए सर्वस्व न्योछावर करने की प्रतिज्ञा कर डाली। इसके लिए वे घर-परिवार को छोड़ने के लिए भी तैयार थे।

सावरगांवकर शिवराम को 'राजगुरु' कहकर संबोधित करता था। इसके बाद से ही शिवराम अपने मित्रों में 'राजगुरु' के नाम से प्रसिद्ध हो गया।

मल्लविद्या में महारत्

राजगुरु का कद पाँच फुट छह इंच था, लेकिन पर्याप्त भोजन के अभाव तथा अत्यधिक परिश्रम के कारण उनका शरीर अत्यंत दुबला-पतला था। गाल पिचके हुए और चेहरा तेजहीन व रूखा-सा था। यह दशा देखकर एक दिन सावरगांवकर ने हँसते हुए उन्हें

टोका, "तुमने अपनी क्या हालत बना रखी है? इसमें कुछ सुधार क्यों नहीं करते?"

"यह सुधार संभव प्रतीत नहीं होता, क्योंकि न तो हमें अधिक खाना मिलता है और न ही पर्याप्त आराम।" राजगुरु ने गंभीरता से प्रत्युत्तर दिया।

"लेकिन शरीर को बनाने के लिए भोजन अथवा आराम की अपेक्षा व्यायाम की अधिक आवश्यकता है। बचपन से मेरी मल्लविद्या में रुचि रही है। क्यों न इसका प्रशिक्षण प्राप्त किया जाए?"

"तुम्हारा विचार उत्तम है। मैं भी न जाने कब से मल्लविद्या सीखना चाहता था। इससे हमारे शारीरिक बल में भी वृद्धि होगी।"

फिर अगले दिन ही दोनों मित्र 'भारत सेवा मंडल' में प्रशिक्षण लेने लगे। इस संस्था के संचालक कुदले थे, जिन्हें धनुर्विद्या का ज्ञान था। राजगुरु ने उनसे इसका ज्ञान भी अर्जित किया। उन्होंने इसमें इतनी निपुणता प्राप्त कर ली कि आगे चलकर वे श्रेष्ठ निशानेबाज के रूप में पहचाने गए।

परीक्षा में उत्तीर्ण

सांगवेद संस्कृत विद्यालय के महंत बाबा पटवर्धन के पास राजगुरु वेदाध्ययन कर रहे थे। इतना ही नहीं, वेदशास्त्री पाठक से न्याय तथा वेदशास्त्री पेंडसे से लघु सिद्धांत कौमुदी का भी ज्ञान अर्जित करना उनकी शिक्षा का एक हिस्सा था। तीव्र स्मरण शक्ति तथा बुद्धिमत्ता के कारण सभी पाठ उन्हें सहज ही कंठस्थ हो जाते थे।

काशी में प्रतिवर्ष तर्कशास्त्र की मध्यमा परीक्षा आयोजित होती थी, जिसे इंटर के समकक्ष समझा जाता था। सन् 1926 में राजगुरु ने इसकी परीक्षा दी। उनकी योग्यता से परिचित होने के कारण गुरुजन को विश्वास था कि वे परीक्षा उत्तीर्ण कर लेंगे और अच्छे अंकों से उत्तीर्ण होकर राजगुरु उनके विश्वास पर खरे उतरे।

अब वे तर्कशास्त्र की उत्तमा परीक्षा देने के लिए उत्साहित थे, लेकिन कुछ क्रांतिकारियों की घटनाओं के कारण उनका अध्ययन क्रम बीच में ही टूट गया।

व्यायाम विशारद

अमरावती में हनुमान प्रसारक मंडल का ग्रीष्मकालीन शिविर लगा हुआ था। यह संस्था युवकों में क्रांति की मशाल जलाने, पुरातन भारतीय संस्कृति के विकास तथा व्यायाम द्वारा शारीरिक व मानसिक बल को बढ़ाने पर जोर देती थी। राजगुरु को इसकी सूचना मिली तो शिविर में सम्मिलित होने के लिए वे अमरावती चले आए।

व्यायाम में आरंभ से ही उनकी रुचि थी। मल्लविद्या का आरंभिक ज्ञान वे पहले ही प्राप्त कर चुके थे, इसलिए शिविर में आयोजित व्यायाम के प्रशिक्षण में वे शीघ्र ही प्रशिक्षित हो गए। उनकी लगन देखकर संस्था ने उन्हें व्यायाम विशारद् की उपाधि से सम्मानित किया। इसी शिविर में राजगुरु की भेंट लच्छूलाल से हुई और वे गहरे मित्र बन गए। लच्छूलाल शिविर में अपनी बंदूक लेकर आया था। इस आधुनिक शस्त्र ने उन्हें अपनी ओर आकर्षित किया। अतः शिविर में उन्होंने बंदूक चलाने का भी भरपूर अभ्यास किया। कुछ ही दिनों में उन्होंने निशानेबाजी में महारत हासिल कर ली।

शिविर में राजगुरु उत्साही और मिलनसार युवक के रूप में पहचाने जाते थे। कुछ देर बात करके वे किसी के साथ भी मित्रता गाँठ लेते थे। संस्था के साथ उनके संबंध अत्यंत गहरे हो गए। यहीं उनकी मित्रता ज्ञानेश्वर सदाशिव देशपांडे से हुई, जो संस्था के एक सदस्य और कुश्ती के प्रशिक्षक थे। उन्होंने राजगुरु को न केवल मल्लविद्या के गुप्त दाँव-पेंच सिखाएँ वरन् देश के लिए प्राण न्योछावर कर देने का जज्बा भी जाग्रत् किया।

राजगुरु एक वर्ष तक अमरावती में रहकर सामाजिक तथा राष्ट्र-संबंधी कार्यों में संलग्न रहे।

बाद में काशी पहुँचने पर उन्होंने अलैपुर स्टेशन के पास बनारस नगरपालिका के एक हाईस्कूल में ड्रिल मास्टर के पद पर कार्य किया। स्कूल के निकट ही राजा मोतीचंद्र के बगीचे में उन्होंने एक अखाड़ा स्थापित किया था, जिसमें वे विद्यार्थियों को मल्लविद्या के साथ-साथ गदा और लाठी चलाने का अभ्यास करवाते थे।

□

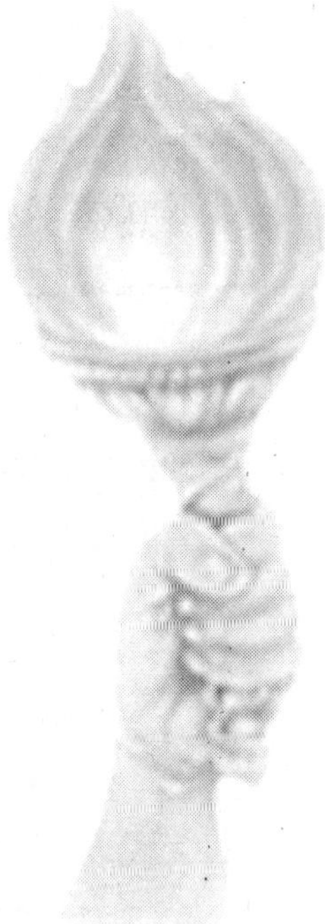

6

विवाह से तौबा

पिछले कुछ दिनों से राजगुरु को माँ की याद सता रही थी। अतः उनसे मिलने के लिए वे घर चले आए। बिछड़े पुत्र को अकस्मात् सामने देखकर पार्वती प्रसन्नता से भर उठीं और उनकी बलाएँ लेने लगीं।

राजगुरु युवा हो चुके थे, माँ को उनके विवाह की चिंता सताने लगी। उन्होंने इस विषय में दिनकर से बात की। वे भी विवाह के पक्ष में थे। इस संदर्भ में राजगुरु से बात करने की जिम्मेदारी उन्होंने उठा ली।

एक दिन राजगुरु अपनी माँ और भाई के साथ बैठकर हँसी-मजाक कर रहे थे, तब अवसर उपयुक्त जानकर दिनकर ने विवाह की बात छेड़ दी, "शिव! तुम युवा हो गए हो और तुम्हारी पढ़ाई भी समाप्त होनेवाली है, इसलिए हमने निश्चय किया है कि अब तुम्हें विवाह कर लेना चाहिए। सगे-संबंधी भी निरंतर दबाव डाल रहे हैं। यदि तुम कहो तो मैं कल ही जाकर एक-दो से बात कर लेता हूँ।"

राजगुरु ने इस विषय में कभी नहीं सोचा था। यदि यह कहा जाए तो अधिक उचित होगा कि वे विवाह के बंधन में नहीं बँधना चाहते थे। अचानक विवाह की बात सुनकर पलभर के लिए वे हकबका गए। तदंतर स्वयं को संयत करते हुए बोले, "मैं अभी विवाह नहीं करना चाहता।"

"विवाह नहीं करना चाहता! लेकिन क्यों? इस उम्र में विवाह नहीं करेगा तो कब करेगा?" दिनकर ने विस्मित होकर पूछा।

"जब तक मैं अपने पैरों पर खड़ा नहीं हो जाता, तब तक विवाह के बारे में नहीं सोच सकता।" राजगुरु ने बात शीघ्र समाप्त करने के लिए कहा।

"तुम्हें इसके लिए कौन मना कर रहा है? शादी करके पैरों पर खड़े होने की कोशिश करो। इसमें सोचने या न सोचने की कौन-सी बात है?" दिनकर ने पुनः जाल फेंका।

"लेकिन मैं विवाह नहीं करना चाहता। देश मुझे बुला रहा है; तन-मन-धन से मैं राष्ट्र-सेवा करना चाहता हूँ।" विवश होकर राजगुरु ने सत्य प्रकट कर दिया।

"शिव! माँ की इच्छा है कि तुम विवाह करो, इसलिए प्रसन्नतापूर्वक इसके लिए तैयार हो जाओ। इसी में हमारे घर-परिवार का सम्मान है।" दिनकर ने कठोर स्वर में अंतिम निर्णय सुना दिया।

राजगुरु मोह और संग्रह की प्रवृत्ति पहले ही छोड़ चुके थे। अब उनके जीवन का एक मात्र ध्येय था–देश और समाज की सेवा करना; उसके लिए स्वयं को न्योछावर कर देना।

उस समय गुलामी की बेड़ियों में जकड़ा हुआ भारत अपमान और तिरस्कार की वेदना सह रहा था। यद्यपि देश में क्रांति के बीज बोए जा चुके थे; क्रांतिकारी एकजुट होकर अंग्रेजी शासन का विरोध कर रहे थे, तथापि सरकार हर संभव उपाय द्वारा उनका दमन करने को उद्यत थी। ऐसे में राजगुरु ने निश्चय कर लिया था कि वे क्रांति की मशाल को जलाए रखने तथा देश की अखंडता को बनाए रखने के लिए अपना रक्त बहा देंगे।

राजगुरु पारिवारिक मोह को उपर्युक्त निश्चय की पूर्ति में सबसे बड़ा बाधक मानते थे। उन्होंने ऐसे अनेक लोग देखे थे, जो विवाह से पूर्व जोश और उत्साह के साथ स्वयं को देश पर समर्पित

करने का दावा करते रहे, परंतु विवाहोपरांत परिवार के मोह में फँसकर शनैःशनैः इस मार्ग से हटते चले गए। उनका जोश और उत्साह जिम्मेदारियों व जरूरतों के नीचे दबकर नष्ट हो गया।

जब से घर में विवाह का जिक्र छिड़ा था, तभी से राजगुरु को डर सताने लगा कि माँ और भाई–दोनों मिलकर कहीं अपनी बात मनवा न लें, इसलिए वे भाई के सामने आने से बचने लगे। जैसे-तैसे एक महीना पूरा हुआ और वे काशी लौट गए। उनकी जान में जान आई, लेकिन बात अभी खत्म नहीं हुई थी। लगभग एक सप्ताह बाद उन्हें भाई का पत्र प्राप्त हुआ, जिसमें एक सुयोग्य कन्या का उल्लेख करते हुए विवाह के लिए उनकी सहमति माँगी गई थी।

स्थिति हाथ से निकलने लगी थी। भाई उसके लिए कन्या पक्ष को वचन दे बैठे, इससे पूर्व उन्हें अपने निश्चय से अवगत करवाना राजगुरु के लिए आवश्यक हो गया। अतः उन्होंने एक पत्र लिखा–

"आज देश और भारतीय समाज अवनति की ओर अग्रसर हो रहा है। इसके मूल में ब्रिटिश अनीतियाँ निहित हैं। उनके उन्मूलन के बिना देश की उन्नति असंभव है। आज देश को ऐसे कर्मठ युवकों की आवश्यकता है, जो राष्ट्र-सेवा में अपना तन-मन-धन अर्पित कर सकें; इस अग्नि-पथ पर अग्रसर होकर मोह के सभी बंधनों को तोड़ सके, जिससे उन्हें इस पथ से लौटना न पड़े, इसलिए मैंने अपना जीवन राष्ट्र-सेवा में समर्पित करने का निर्णय लिया है। इस कार्य में मुझे आपके सहयोग की अभिलाषा है। आप मेरे विवाह का विचार त्यागकर मुझे नवजीवन के लिए आशीर्वाद दें।"

पत्र पढ़कर पार्वती और दिनकर स्तब्ध रह गए। अभी तक वे विवाह के प्रति राजगुरु की उदासीनता को क्षणिक उन्माद समझ रहे थे। उनका विचार था कि कुछ समय बाद वह स्वयं विवाह के

लिए सहमत हो जाएगा, लेकिन इस पत्र ने उनके समक्ष सारी स्थिति स्पष्ट कर दी थी।

दिनकर ने शीघ्रता दिखाते हुए उसी दिन लौटती डाक से पत्र भेजा, ''विवाह एक महत्त्वपूर्ण सामाजिक रीति है जिसे मनुष्य को निभाना पड़ता है। यदि तुम विवाह से मुख मोड़ लोगे तो तुम्हारे वंश का अस्तित्व कैसे रहेगा? बड़े-बड़े ऋषि-मुनि भी विवाहोपरांत समाज-कल्याण में योगदान देते रहे हैं, इसलिए विवाह को अवरोध मानना अनुचित है। इसके द्वारा घर-परिवार को सुदृढ़ता प्रदान की जा सकती है। हम तुम्हें अकेले जीवन व्यतीत नहीं करने देंगे, इसलिए ब्रह्मचर्य का विचार त्यागकर विवाह की सहमति भेजो।''

राजगुरु सोच में पड़ गए। भाई की बात टालना उन्हें अनुपयुक्त लग रहा था, लेकिन यह भी सच था कि वे देशसेवा में अपना सर्वस्व न्योछावर करने का निश्चय कर चुके थे। अत: उन्होंने माँ को समझाते हुए पत्र लिखा–

> ''माँ! तुम्हारी सेवा करने के लिए दो पुत्र हैं–दिनकर और शिवराम! लेकिन भारतमाता की सेवा के लिए कोई नहीं है, इसलिए मैं उसकी सेवा करना चाहता हूँ। अब मैं लौटकर नहीं आऊँगा। मेरे निर्णय से दु:खी मत होना और सोच लेना कि तुम्हारा एक ही बेटा है। यदि मेरी बात मान लोगी तो तुम्हें बड़ी शांति मिलेगी।''

पत्र पढ़कर पार्वती को ज्योतिषी द्वारा की गई भविष्यवाणी याद आ गई। तदंतर देव-इच्छा जानकर उन्होंने पुत्र के विवाह का स्वप्न देखना छोड़ दिया।

□

7

क्रांति-पथ पर

"तुम्हारी हिम्मत कैसे हुई यहाँ बैठने की? चल उठ यहाँ से।" अंग्रेज पुलिस अधिकारी ने पार्क में बैठे एक युवक को डपटते हुए कहा।

"मैं क्यों जाऊँ यहाँ से? इस जगह पर तुम्हारा नाम लिखा है क्या?" युवक ने प्रतिवाद किया।

"जुबान लड़ाता है। जानता नहीं है कि इस जगह पर डॉग्स और इंडियन का आना मना है।" अंग्रेज घृणित स्वर में बोला।

युवक का तन-मन जल उठा। वह तीखे स्वर में प्रत्युत्तर देते हुए बोला, "तो फिर आज यह इंडियन इसी जगह पर बैठेगा। देखता हूँ कि तुम मुझे कैसे हटाते हो।"

"तेरी इतनी हिम्मत! अभी मजा चखाता हूँ।" गुस्से में भरे अंग्रेज ने युवक की गरदन पकड़ी और उसे बेंच से घसीटकर नीचे गिरा दिया।

युवक भी विरोध करने का इरादा कर चुका था। वह उठा और अंग्रेज के साथ भिड़ गया। एक भारतीय और अंग्रेज की लड़ाई होती देखकर भीड़ एकत्रित हो गई। अंग्रेज अधिक शक्तिशाली था। उसने युवक को पुनः गिराया और भद्दी-भद्दी गालियाँ देते हुए लात-घूँसों से उस पर पिल पड़ा। दृश्य बड़ा हृदय-विदारक था; आस-पास खड़े लोग मन-ही-मन अंग्रेज को कोस रहे थे, लेकिन सजा के डर ने गुलामी की बेड़ियों में जकड़े उनके स्वाभिमान और

साहस का दम घोंट दिया। नजरें नीची करके वे चुपचाप युवक के मुख से निकलने वाले 'वंदेमातरम्' के स्वर सुनते रहे।

"वंदेमातरम्! वंदेमातरम्! वंदेमातरम्!"

पार्क में भीड़ लगी देखकर राजगुरु के कदम ठिठक गए। 'किसी देशभक्त पर अत्याचार किया जा रहा है' इसका अनुमान उन्हें वंदेमातरम् के स्वर सुनकर हो गया था। भीड़ को चीरते हुए वे तेजी से आगे आए। सामने का दृश्य देखते ही उनकी मुट्ठियाँ भिंच गईं; रक्त उबलने लगा; आँखों में क्रोध उतर आया। वे आगे बढ़े और अंग्रेज का हाथ पकड़ लिया।

पलभर के लिए अंग्रेज सकपका गया। भीड़ में उसका हाथ पकड़ने का कोई साहस कर सकता है, इसकी उसने कल्पना भी नहीं की थी। एक दुबले-पतले युवक को यह दुःसाहस करते देख उसका क्रोध भड़क उठा, "मेरा हाथ छोड़ो।"

"पहले तुम इस युवक को छोड़ो और अपने अपराध के लिए क्षमा माँगो।" राजगुरु ने सिंह-गर्जन किया।

"तुम्हारा दिमाग खराब हो गया है या तुम्हें अपनी चिंता नहीं रही। जानते हो किससे उलझ रहे हो? जान की सलामती चाहते हो तो पीछे हट जाओ।" अंग्रेज ने हाथ छुड़वाने का प्रयत्न करते हुए कहा।

लेकिन लाख प्रयत्न करने के बाद भी वह हाथ छुड़वाने में असफल रहा। यह देखकर उपस्थित लोगों में उत्साह का संचार हो गया। राजगुरु उनके लिए हातिमताई से कम नहीं थे। वे तालियाँ बजाकर उनका उत्साह बढ़ाने लगे। अपना तमाशा बनते देख अंग्रेज बुरी तरह से झेंप गया। उसने दूसरे हाथ से राजगुरु पर वार किया।

राजगुरु वार बचा गए। वे समझ गए कि इसे सबक सिखाना होगा। एक बार फिर लड़ाई आरंभ हो गई, लेकिन इस बार दृश्य पूरी तरह से बदल चुका था। राजगुरु तेजी से घूँसों की बरसात कर रहे थे; अंग्रेज जमीन पर धूल चाट रहा था; उपस्थित लोग 'वंदेमातरम्'

का नारा लगा रहे थे। भारत के सिंह ने अंततः गीदड़ को उसका स्थान दिखा दिया था।

अंग्रेज की जमकर पिटाई करने के बाद राजगुरु घायल युवक को साथ लेकर वहाँ से चले गए।

अनमोल रत्न

दोनों चुपचाप चल रहे थे। सहसा राजगुरु ने मौन तोड़ते हुए पूछा, "तुम्हारा नाम क्या है?"

"विश्वनाथ वैशम्पायन।" युवक ने जवाब दिया।

"क्या करते हो? कहाँ रहते हो? पहले तो तुम्हें यहाँ नहीं देखा।" राजगुरु ने प्रश्नों की बौछार कर दी।

"मैं सिविल सर्जन झाँसी के कार्यालय में मुख्य लिपिक के पद पर कार्यरत हूँ और कल ही यहाँ आया हूँ। तुम कौन हो?" इस बार युवक ने भी प्रश्न पूछा।

"मेरा नाम शिवराम हरि राजगुरु है और मैं निकट के एक स्कूल में विद्यार्थियों को मल्लविद्या का प्रशिक्षण देता हूँ।"

"एक अपरिचित के लिए प्राण संकट में डालते हुए तुम्हें डर नहीं लगा?"

"तुम अपरिचित अवश्य हो, लेकिन उससे भी बढ़कर तुम एक भारतीय हो। मैं अपनी आँखों के सामने किसी भारतीय का अपमान होते नहीं देख सकता, क्योंकि भारतीय का अपमान भारतमाता का अपमान है और मैं भारतमाता से बहुत प्रेम करता हूँ। उसके सम्मान के लिए मैं अपने प्राण तक दे सकता हूँ।"

राजगुरु के दृढ़ स्वर को सुनकर वैशम्पायन के चेहरे पर मुसकान खिल उठी। उनके आत्मविश्वास और राष्ट्र-प्रेम से वे बहुत प्रभावित हुए। तदंतर रहस्यमय स्वर में बोले, "राजगुरु! काशी में मैं एक विशेष प्रयोजन से आया हूँ?"

"कौन-सा विशेष प्रयोजन?"

"दरअसल मैं यहाँ क्रांतिकारियों से संपर्क साधने के लिए आया हूँ, लेकिन मुझे मालूम नहीं था कि काशी में मुझे ऐसा अनमोल रत्न मिल जाएगा जिसकी तुलना किसी से नहीं की जा सकती।"

"क्रांतिकारियों से संपर्क! तो क्या आप क्रांतिकारी हैं?" राजगुरु चौंक उठे और फिर उत्साहित होकर बोले, "विश्वनाथजी! यदि आप क्रांतिकारी हैं तो कृपया मुझे अपने दल में सम्मिलित कर लें। मैं भी देश के लिए कुछ करना चाहता हूँ।"

"तुम्हें देश के लिए कार्य करने का अवसर अवश्य मिलेगा, परंतु इसके लिए थोड़ी-सी प्रतीक्षा करो। मैं जल्दी ही तुमसे इस संबंध में भेंट करूँगा।" यह कहकर वैशम्पायन अपने रास्ते पर चले गए।

आजाद का निमंत्रण

राजगुरु ने जब यह सुना तो उन्हें यकीन नहीं हुआ, लेकिन वैशम्पायन मजाक नहीं कर रहे थे।

"इस समय वे कानपुर में हैं। मैंने तुम्हारे बारे में उनसे बात की थी। उस दिन की घटना, तुम्हारे साहस और राष्ट्रभक्ति के बारे में जानकर उन्हें बहुत प्रसन्नता हुई। वे तुमसे मिलना चाहते हैं।" वैशम्पायन ने अपनी बात पुनः दोहराई।

चंद्रशेखर आजाद के कहने पर वैशम्पायन क्रांतिकारियों से संपर्क साधने के लिए काशी आए थे। यहाँ संयोगवश उनकी भेंट राजगुरु से हुई थी। बाद में उन्होंने जब आजाद को राजगुरु के बारे में बताया तो उन्होंने उन्हें कानपुर आने का निमंत्रण भिजवाया। वैशम्पायन राजगुरु को यही शुभ समाचार सुना रहे थे।

'क्या मैं इतना सौभाग्यशाली हूँ कि उनके दर्शन कर सकूँ? क्या उनसे मिलने का स्वप्न पूरा हो सकता है?'-रह-रहकर यही

विचार राजगुरु के मस्तिष्क में उठ रहे थे। उन्होंने पुनः विस्मित होकर पूछा, ''आप मुझे उनसे मिलवाने ले जाएँगे? क्या वे मुझ जैसे एक साधारण व्यक्ति से मिलना पसंद करेंगे?''

''राजगुरु! 'तुम असाधारण हो' इस बात को स्वीकारने के लिए इतना बहुत है कि आजादजी ने स्वयं तुमसे मिलने की इच्छा व्यक्त की है। तुम मेरे साथ कानपुर चलो, हम वहीं उनसे मिलेंगे।'' वैशम्पायन ने कहा।

''मैं यह अवसर किसी भी हालत में नहीं खोना चाहता। मैं आपके साथ कानपुर चलने को तैयार हूँ।'' राजगुरु ने अपनी सहमति दे दी।

वे बड़ी बेसब्री से आजाद से मिलने की प्रतीक्षा करने लगे।

'राजगुरु' से 'रघुनाथ'

कानपुर की गलियों में तेज कदमों से चलते हुए दो व्यक्ति एक टूटे-फूटे घर के आगे ठिठके और नजरें घुमाकर इधर-उधर देखने लगे। कोई उनका पीछा तो नहीं कर रहा है, इस बात की अच्छी तरह से तस्दीक करने के बाद वे घर में घुस गए। अंदर लकड़ियों की एक जर्जर सीढ़ी थी। उससे होते हुए वे ऊपर के कमरे में पहुँचे।

कमरे के बीचोबीच रखी मेज पर मोमबत्ती जल रही थी। उसकी लपलपाती लौ कमरे के अँधेरे को दूर करने की भरसक कोशिश कर रही थी। पास ही कुरसी पर बैठा लंबा-चौड़ा एक युवक कागज पर कुछ लिखने में व्यस्त था।

आहट सुनकर युवक ने नजरें उठाईं और होंठों पर हलकी-सी मुसकराहट लाते हुए बोला, ''आओ वैशम्पायन!''

तभी साथ आए दुबले-पतले और श्याम वर्ण वाले एक तेजस्वी परंतु अनजाने युवक को देखकर वह ठिठक गया। साधारण मराठा

वेशभूषा से सुसज्जित होने पर भी उसके व्यक्तित्व में गजब का आकर्षण था।

वैशम्पायन साथ आए युवक का परिचय देते हुए बोले, ''ये राजगुरु हैं, मैंने जिनका उल्लेख किया था।''

''राजगुरु!'' युवक के होंठों पर मुसकान थिरक गई।

तदंतर वैशम्पायन हँसते हुए बोले, ''राजगुरु! जिस महात्मा के दर्शन के लिए तुम व्याकुल थे, ये वही हैं। भारतमाता के सच्चे सपूत पंडित चंद्रशेखर आजाद!''

''पंडितजी!'' राजगुरु के मुख से केवल इतना ही निकला।

पलभर के लिए खमोशी छा गई।

सहसा आजाद ने प्रश्न किया, ''राजगुरु! मैंने सुना है कि तुम क्रांतिकारी दल में सम्मिलित होना चाहते हो?''

''जी, आपने ठीक सुना है। मैं दल के लिए काम करना चाहता हूँ।'' राजगुरु ने सपाट स्वर में उत्तर दिया।

''मैं तुम्हारे हौसले का सम्मान करता हूँ, लेकिन तुम क्रांतिकारी गतिविधियों में सम्मिलित होने का परिणाम जानते हो? याद रखना, यह कोई फूलों की सेज नहीं है, जहाँ सुख और आनंद हो। यह काँटों-भरी राह है, जिसमें पग-पग पर कष्ट भोगने पड़ते हैं। इसमें जिंदगी के बदले मौत वफा करती है; गोली, फाँसी अथवा कालापानी इसके खूबसूरत इनाम हैं। इस राह पर चलने का मतलब घर-परिवार का मोह छोड़ना है, इसलिए कुछ भी करने से पहले अच्छी तरह सोच-समझ लेना।''

''भारतमाता गुलामी की बेड़ियों में जकड़ी हुई है। ऐसे में जीवन का हर सुख, आनंद और आराम देश के सच्चे सपूत के लिए अपमानजनक है। मैं परिवार का मोह बहुत पहले छोड़ चुका हूँ; गोली, फाँसी या कालेपानी से मुझे डर नहीं लगता। आप जिसे काँटों-भरी राह कह रहे हैं, वह मेरे लिए सुखमय जीवन से भी

बढ़कर है। मैंने अच्छी तरह से सोच लिया है और मैं अपने निश्चय पर अडिग हूँ।''

''तुम स्वयं को किस आधार पर इस दल में सम्मिलित होने के योग्य समझते हो?'' आजाद ने अगला प्रश्न किया।

राजगुरु उत्साहित होकर बोले, ''मुझे व्यायाम का शौक है, इसलिए मैं किसी को भी अपने हाथों से पटक-पटककर मार सकता हूँ। देश के लिए किसी के प्राण ले सकता हूँ तो अपने प्राण देने से भी पीछे नहीं हटूँगा। बंदूक, चाकू या लाठी—इन तीनों को चलाना मेरे लिए बाएँ हाथ का खेल है। मुझमें एक दोष भी है—मुझे नींद बहुत आती है, लेकिन मैं खड़े-खड़े भी नींद पूरी कर सकता हूँ।''

राजगुरु की दृढ़ता, आत्मविश्वास, साहस और राष्ट्रभक्ति को देखकर आजाद गद्‌गद हो गए। वे उन्हें गले लगाते हुए बोले, ''मैं तुम्हें अपने दल का सदस्य बनाता हूँ। आज से तुम हमारे साथ मिलकर कार्य करोगे।''

राजगुरु की खुशी का ठिकाना न रहा। उन्हें मनोवांछित वरदान मिल गया था।

इसके बाद आजाद ने राजगुरु को नया नाम दिया—'रघुनाथ।' दल में सभी उन्हें इसी गुप्त नाम से पुकारते थे।

□

8

पहला कदम

दिल्ली में रहने वाला हसन निजामी अंग्रेजों का पिट्ठू था। अनेक अवसरों पर उसने क्रांतिकारियों की मुखबिरी भी की थी, इसलिए पंडितजी ने उसके लिए मौत की सजा निर्धारित कर दी थी। यह भी निश्‍चित हो गया था कि शिव वर्मा एक अन्य साथी के सहयोग से यह कार्य संपन्न करेंगे, लेकिन दूसरा साथी कौन होगा, इसका चयन करना अभी शेष था। एक-एक कर सभी नामों पर विचार किया गया। उनमें से कुछ इस कार्य के लिए उपयुक्त नहीं थे तो कुछ ने निजी कारणों के चलते अपनी असमर्थता व्यक्त की। काफी सोच-विचार के बाद किसी ने काशी में रहने वाले एक मराठा युवक का नाम उछाला। राजगुरु का नाम सुनते ही पंडितजी ने सहमति दे दी। अंततः युवक का नाम-पता लेकर शिव वर्मा काशी पहुँचे।

उन दिनों राजगुरु बनारस के एक म्युनिसिपल स्कूल में 'ड्रिल मास्टर' के पद पर कार्यरत थे। इसके अतिरिक्त वे एक अखाड़े में लाठी व गदा चलाने की शिक्षा देते थे। शिव वर्मा कभी उनसे मिले नहीं थे, लेकिन उनके कार्यों के बारे में सुनकर उन्होंने दिमाग में लंबे-चौड़े युवक की छवि बना ली थी। वे उनसे मिलने के लिए सीधे अखाड़े की ओर चल दिए।

शिव वर्मा के अखाड़े पहुँचने तक संध्या हो चुकी थी। अभ्यास समाप्त करने के बाद विद्यार्थी घर लौट रहे थे। राजगुरु को

ढूँढ़ने के लिए शिव वर्मा ने इधर-उधर देखा तो निकट एक छोटी-सी कोठरी में एक व्यक्ति लाठियाँ सँभालते दिखाई दिया। 'शायद चौकीदार होगा' यह सोचकर वे उसके पास गए और थोड़े कड़क स्वर में बोले, "मुझे राजगुरु से मिलना है। वे कहाँ मिलेंगे?"

युवक मुसकराते हुए बोला, "कहिए, क्या काम है? मैं ही राजगुरु हूँ।"

साधारण काया, लंबा चेहरा, पिचके गाल, साँवला रंग-राजगुरु को देखकर वे एक पल के लिए हतप्रभ रह गए। सामने खड़ा युवक राजगुरु है, यह बात पचाने में उन्हें कुछ मिनट लगे। तदंतर धीरे से बोले, "मुझे तुमसे जरूरी बात करनी है।"

राजगुरु ने शीघ्रता से कोठरी के दरवाजे पर ताला लगाया और चुपचाप शिव वर्मा के पीछे-पीछे चल दिए।

एक सुनसान स्थान पर पहुँचकर दोनों एक-दूसरे के सामने बैठ गए। शिव वर्मा ने राजगुरु की ओर देखा। वे शांतिपूर्वक बैठे उनकी बात सुनने के लिए तैयार थे। जीवन में बार-बार ठोकरें खाने वाला व्यक्ति जितना गंभीर, प्रौढ़, समझदार और रूखा हो जाता है, वही हाव-भाव उस समय बीस वर्षीय राजगुरु के चेहरे से झलक रहे थे।

शिव वर्मा ने गला खखारा और बात शुरू की, "दल ने एक व्यक्ति को सजा देने का निर्णय सुनाया है और इसके लिए उन्होंने मेरे साथ तुम्हारा चयन किया है। यदि तुम्हें उचित लगे…।"

राजगुरु के चेहरे पर मुसकराहट खिल उठी। वे बीच में ही बात काटते हुए बोले, "यह मेरे लिए सौभाग्य की बात है कि दल ने इस काम के लिए मुझे चुना। आप जैसा कहेंगे, मैं वैसा करने को तैयार हूँ।"

शिव वर्मा ने सोचा था कि इस जोखिम भरे काम को सुनकर बीस साल का यह युवक घबरा जाएगा, लेकिन उनकी सोच के विपरीत राजगुरु दृढ़तापूर्वक साथ देने के लिए तैयार थे।

"एक सप्ताह बाद तुम कानपुर के लिए रवाना होना और डी.ए.वी. कॉलेज के साइंस ब्लॉक में मेरे कमरे में पहुँचना, तब तक हम रिवॉल्वर की व्यवस्था कर लेंगे।" यह कहकर उन्होंने पूरा पता लिखवा दिया।

तदंतर वे दोनों विदा लेकर अपने-अपने रास्ते की ओर बढ़ गए।

कानपुर में प्रवास

योजनानुसार किसी को सूचित किए बिना राजगुरु कानपुर पहुँच गए, लेकिन उस समय तक केवल एक रिवॉल्वर की व्यवस्था हो पाई थी; दूसरी के लिए प्रयास जारी थे। लगभग पंद्रह दिन तक वे शिव वर्मा के कमरे में ही रहे।

चूँकि कमरा कॉलेज के प्रांगण में था, इसलिए दिन के समय वहाँ विद्यार्थियों का आना-जाना लगा रहता था। वे इस अपरिचित मेहमान के विषय में शिव वर्मा से अकसर पूछा करते थे, लेकिन इन सबसे बेफ्रिक राजगुरु सुबह-सवेरे नित्यकर्मों से निवृत्त होकर पुनः बिस्तर में घुस जाते थे। उनका खाना कमरे में आ जाता था। भोजन करने के बाद वे चादर ओढ़कर निद्रा के आगोश में पहुँच जाते। एक बार शिव वर्मा ने उन्हें कहा था, "कहीं बाहर घूम-फिर आया करो। ऐसे बिस्तर पर पड़े रहने से मेरे सहपाठी तरह-तरह के प्रश्न पूछते हैं।"

प्रत्युत्तर में राजगुरु ने कहा था, "यह बात केवल आपके सहपाठी जानते हैं कि मैं आपके कमरे में हूँ, लेकिन बाहर जाने से आस-पास के लोग भी इस बारे में जान जाएँगे। ऐसे में मैं सबकी नजरों में आ जाऊँगा, इसलिए बाहर निकलने की अपेक्षा कमरे में रहना अधिक सुरक्षित है।"

शिव वर्मा उनकी बुद्धिमानी की प्रशंसा किए बिना न रह सके।

दल ने हसन निजामी को ठिकाने लगाने के लिए जो योजना

बनाई थी, उसके अंतर्गत निश्चित किया गया था कि राजगुरु और शिव वर्मा–दोनों रिवॉल्वर लेकर जाएँगे। यदि एक का निशाना चूका तो लक्ष्य भेदने का कार्य दूसरा साथी कर लेगा, लेकिन पंद्रह दिन तक इंतजार करने के बाद भी दूसरे रिवॉल्वर की व्यवस्था नहीं हो सकी। इससे योजना को क्रियान्वित करने में देरी हो रही थी।

देश के लिए कुछ कर गुजरने का जज्बा रखने लिए राजगुरु अपने जोश और उत्साह को जैसे-तैसे दबाए हुए थे। दिन-प्रतिदिन उनके लिए प्रतीक्षा करना मुश्किल होता जा रहा था। अंततः एक दिन वे बोल उठे, "हम कब तक हाथ-पर-हाथ रखकर बैठे रहेंगे? मुझसे अब और सब्र नहीं होता। जो करना है, जल्दी करो। मैं उस देशद्रोही को सजा देने के लिए बेचैन हो रहा हूँ।"

"शांत हो जाओ राजगुरु! मैं स्वयं इस कार्य को शीघ्र पूरा कर लेना चाहता हूँ, लेकिन जब तक दूसरे रिवॉल्वर की व्यवस्था नहीं हो जाती, तब तक हमें शांत रहना पड़ेगा।" शिव वर्मा ने समझाते हुए कहा।

"हमारे पास एक रिवॉल्वर है न, फिर दूसरे की क्या आवश्यकता? उसके लिए एक गोली बहुत है। तुम एक ओर खड़े होकर देखते रहना कि मैं कैसे उसका काम तमाम करता हूँ। मैं दावा करता हूँ कि मेरा निशाना नहीं चूकेगा।"

राजगुरु के उत्साह को देखकर शिव वर्मा भी जोश से भर उठे, फिर अगले दिन वे दोनों दिल्ली के लिए रवाना हो गए।

लक्ष्य-भेदन

दिल्ली में वे एक सराय में ठहरे। सामान रखने के बाद शिव वर्मा शिकार की टोह लेने के लिए बाहर निकल गए। पूछताछ करने पर पता चला कि हसन निजामी संध्या समय सात से आठ के बीच घूमने के लिए निकलता है। अगले दिन से वे दोनों उपयुक्त अवसर

की प्रतीक्षा करने लगे। उन्होंने न केवल निजामी का घर देख लिया था, बल्कि उसकी दिनचर्या की जानकारी भी ले ली थी।

जाँच-पड़ताल के बाद शिव वर्मा समझ गए कि यह कार्य एक व्यक्ति द्वारा संभव नहीं हो पाएगा। इसलिए दूसरा रिवॉल्वर लाने के लिए वे लाहौर चले गए। इस बीच राजगुरु शिकार पर नजर रखे हुए थे। दो दिन के बाद उन्हें अवसर मिल गया।

राजगुरु वेश बदलकर निजामी के घर के आस-पास ही मँडरा रहे थे। उन्हें सूचना मिल चुकी थी कि आज रात निजामी एक दावत में सम्मिलित होने के लिए जाएगा। वे इस सुनहरे मौके को हाथ से नहीं जाने देना चाहते थे। उन्होंने निश्चय कर लिया कि वे आज ही इस कार्य को अंजाम देंगे।

आधी रात को निजामी दावत से लौटा। उसकी कार को आते देखकर राजगुरु हाथ में रिवॉल्वर लेकर तैयार हो गए। जैसे ही कार रुकी और वह व्यक्ति नीचे उतरा, राजगुरु ने गोली चला दी। तेज आवाज करते हुए गोली ने लक्ष्य भेद दिया। निशाना अचूक था; शिकार ढेर होकर वहीं गिर पड़ा, लेकिन गोली की आवाज ने हड़कंप मचा दिया था। आनन-फानन में पुलिस घटनास्थल पर पहुँच गई और जोर-शोर से हत्यारे की तलाश करने लगी।

लक्ष्य-भेदन के बाद राजगुरु रेलवे लाइन के किनारे-किनारे चलते हुए मथुरा की ओर निकल पड़े। वे स्वयं को सुरक्षित समझ रहे थे। तभी गोलियों की बौछार ने उन्हें सचेत कर दिया; सिपाही उसी ओर आ रहे थे। वे तेजी से नीचे लेट गए और रेंगते हुए एक नाली में जा छिपे। तदंतर सरक-सरककर निकट के खेतों में चले गए। उस समय खेतों में पानी भरा हुआ था, लेकिन बचने का कोई उपाय न देखकर वे चुपचाप उसमें पड़े रहे।

देर रात तक गोलियों और सिपाहियों के जूतों की आवाज आती रही। सर्दियों के दिनों में कोई पानी में नहीं छिपेगा, यही

सोचकर वे सूखे खेतों को खँगालते रहे। काफी देर तक खोजने के बाद निराश सिपाही लौट गए।

चारों ओर सन्नाटा हो जाने के बाद राजगुरु बाहर निकले। पानी में भीग जाने के कारण उनका शरीर अकड़ गया था, परंतु कोई परवाह किए बिना वे तेज कदमों से गंतव्य की ओर चल पड़े। मथुरा पहुँचकर उन्होंने कानपुर की ओर प्रस्थान किया।

अँधेरे में चूक

शिव वर्मा तीन दिन के बाद रिवॉल्वर लेकर लाहौर से लौटे। दिल्ली में कदम रखते ही उन्हें चप्पे-चप्पे पर पुलिस तैनात दिखाई दी। राह चलते संदिग्ध व्यक्तियों की तलाशी ली जा रही थी। वे असमंजस में पड़ गए। उनकी जेब में रिवॉल्वर था। 'यदि किसी ने तलाशी ले ली तो सारी योजना विफल हो जाएगी।' यह सोचकर वे किसी तरह छिपते-छिपाते सराय तक पहुँचे। कमरे में उनका सामान ज्यों-का-त्यों पड़ा था, परंतु राजगुरु का कहीं अता-पता नहीं था। अनहोनी की आशंका से उनका हृदय धड़कने लगा। वे रातभर जागकर राजगुरु के लौटने की प्रतीक्षा करते रहे।

प्रातःकाल समाचार पत्रों ने सारी स्थिति स्पष्ट कर दी। पिछली रात को घटित घटना का उनमें विस्तृत ब्योरा छपा था। शिव वर्मा सारी बात समझ गए, लेकिन अभी तक राजगुरु पकड़े नहीं गए थे, इसलिए उनकी सुरक्षा को लेकर वे निश्चिंत थे। अब दिल्ली में ठहरना खतरे से खाली नहीं था, इसलिए तत्परता दिखाते हुए वे उसी दिन कानपुर के लिए रवाना हो गए।

दूसरे दिन राजगुरु भी सकुशल कानपुर पहुँच गए। दल के लिए उन्होंने जो कारनामा कर दिखाया था, उससे वे उत्साहित थे, लेकिन वहाँ पहुँचने पर पता चला कि रात के अँधेरे में भूलवश उन्होंने हसन निजामी के स्थान पर उसके ससुर को गोली का

निशाना बना दिया था। उनका हृदय दुःख और ग्लानि से भर उठा।

राजगुरु कितने व्यथित थे, इस संदर्भ में शिव वर्मा ने लिखा है, "रात को हम एक साथ सोए। वह सरककर मेरे पास आ गया और आहिस्ते से बोला कि 'अपनी जल्दबाजी के लिए मैं दल के सामने अपराधी हूँ।' मैंने उसे अपनी ओर खींच लिया। इतनी मुसीबतों को साहस के साथ झेल जाने वाला राजगुरु बच्चे की तरह मेरे सीने से चिपटकर सिसकने लगा। 'मैंने स्वयं को दल के अयोग्य सिद्ध किया है।' उसके होंठों पर यही शब्द थे। उसने जल्दबाजी की थी, अपराध नहीं किया था। अँधेरी रात में किसी से भी यह गलती संभव है, फिर काकोरी के बाद हमारी पीढ़ी में कार्यक्षेत्र में साहस का परिचय देने वाला वह पहला व्यक्ति था। दल ने राजगुरु के मूल्य को पहचाना और वह हमारे परिवार का अभिन्न अंग बन गया। पिता के स्नेह से राजगुरु बचपन से ही वंचित हो गया था। उसके बाद घर पर उसे स्नेह और प्यार प्रायः कम ही मिला। छोटी उम्र में उसने घर छोड़ा। संस्कृत विद्यार्थी की हैसियत से बनारस का जीवन कठिनाइयों का जीवन था। इस जीवन में मित्रता, स्नेह, आदर व सम्मान कम था; जबकि ठगी, परेशानियाँ, निरादर व अपमान अधिक था। परिस्थितियों के इस षड्यंत्र ने उसके बचपन की कोमलता और जवानी की रंगीनियों को उभरने से पहले दबा दिया था, फिर भी उसके अंकुरों में अभी जान बाकी थी और हमारे क्रांतिकारी परिवार में आकर उसका प्यार, उसकी सौंदर्यप्रियता, उसका विनोद जाग उठा था।"

□

9

'भगत' के 'भक्त'

"हे भारत के वीर सुपुत्रो! तुम्हारे सम्मुख महान् कार्य है, लेकिन जब तक सहस्रों माताओं के लाल देश के लिए अपना जीवन दाँव पर नहीं लगाएँगे, तब तक यह महान् कार्य पूर्ण नहीं हो सकता। यदि तुम सच्चे मानव बनना चाहते हो तो अपनी शिक्षा, संस्कार और साहस का सदुपयोग करो। इसने अनेक डॉक्टर, बैरिस्टर तथा सरकारी अधिकारी उत्पन्न किए हैं। आज भारतमाता को सच्चे देशभक्तों और सेवकों की आवश्यकता है, इसलिए निजी स्वार्थ और सुख-आनंद को त्यागकर दारिद्रय का व्रत धारण करो। महात्मा गांधी, लोकमान्य तिलक, लाला लाजपत राय, गोपालकृष्ण गोखले–त्याग के अनेक उदाहरण तुम्हारे समक्ष हैं; उनका अनुसरण करो। शिक्षा, नारी-सुधार, निम्न जनजातियों का उद्धार, सामाजिक सुधार, राजनीतिक आंदोलन–जिस भी क्षेत्र को चाहो, चुन लो। कार्यक्षेत्र कोई भी हो, उसमें तुम अपना सर्वस्व अर्पण कर दो। मातृभूमि को मृत्यु से बचाकर अमृत्व की ओर ले जाने का यही एकमात्र उपाय है। स्वयं को इतना सशक्त बनाओ कि मार्ग में आने वाली बाधाएँ, दुःख, कष्ट, निर्धनता या सांसारिक सुख-आनंद तुम्हें तुम्हारी मर्यादा और निश्चय से डिगा न सकें।

एकता, समभाव और भाईचारा राष्ट्र की उन्नति के द्योतक हैं। अतः पक्षपात का दामन छोड़कर सभी धर्मों और जातियों के लिए हृदय में समान आदर का भाव रखो। स्मरण रहे, राष्ट्र की शक्ति

का आधार मजहब नहीं वरन् परस्पर प्रेम व एकता है। स्वयं में नैतिक और आत्मिक बल को सुदृढ़ करो; चारित्रिक विशेषता उत्पन्न करो; अपने कर्तव्यों और अधिकारों के लिए जागरूक बनो। यह बात अपने हृदय में अंकित कर लो कि दुःखी मातृभूमि अश्रुपूर्ण नेत्रों से राष्ट्र की रचना का समस्त भार तुम्हारी ओर देख रही है। राष्ट्र की रचना का समस्त भार तुम्हारे कंधों पर है।

संक्षेप में मैं यही कहना चाहूँगा कि तुम तन-मन-धन से मातृभूमि के लिए स्वयं को समर्पित कर दो। भारत के साथ-साथ यूरोप के इतिहास का भी अध्ययन करो। इससे तुम्हारा मानसिक विकास होगा और तुम अधिक योग्य बनकर देश के लिए कार्य कर सकोगे।''

'प्रताप' में प्रकाशित गणेश शंकर विद्यार्थी के इस ओजस्वी लेख ने राजगुरु को अत्यंत प्रभावित किया। इससे पहले भी वे उनके कुछ विचारोत्तेजक लेख पढ़ चुके थे। कई दिनों से उनका मन विद्यार्थीजी से मिलने के लिए व्याकुल था। अंततः कानपुर प्रवास के दौरान एक दिन वे प्रताप के कार्यालय जा पहुँचे और विद्यार्थीजी से भेंट की।

चंद्रशेखर आजाद के संपर्क में होने के कारण विद्यार्थीजी राजगुरु के बारे में जानते थे। दोनों में बहुत देर तक विचार-विमर्श होता रहा। अंत में राजगुरु ने मन की बात बताते हुए कहा, ''विद्यार्थीजी! मैं चाहता हूँ कि जीवनपर्यंत देश के लिए सेवा करता रहूँ। मेरा जीवन देश के लिए बलिदान हो जाए, लेकिन मैं पूरी तरह से क्रांतिकारी कार्यों में अपना योगदान नहीं दे पा रहा हूँ। इस संदर्भ में आप मेरा मार्गदर्शन करें।''

''राजगुरु! तुम बहुत समझदार और सच्चे देशभक्त हो। भला मैं कैसे तुम्हारा मार्गदर्शन कर सकता हूँ? लेकिन मैं तुम्हारा परिचय ऐसे व्यक्ति से करवा सकता हूँ, जिसके साथ काम करके तुम स्वयं को परिपूर्ण अनुभव करोगे।''

"आप किसकी बात कर रहे हैं?" राजगुरु ने उत्सुक होकर पूछा।

"तुमने बलवंत का नाम सुना है?"

"बलवंत! वही बलवंत, जिनके लेख आपके पत्र में नियमित प्रकाशित होते हैं। अगर आप उनकी बात कर रहे हैं तो मैं उनके नाम से परिचित हूँ।"

"मैं उन्हीं बलवंत की बात कर रहा हूँ। क्या तुम भगत सिंह के बारे में जानते हो?" विद्यार्थीजी ने अगला प्रश्न किया।

"महान् क्रांतिकारी सरदार भगत सिंह!" राजगुरु थोड़े विस्मित होकर बोले, "मैंने उनका बहुत नाम सुना है, लेकिन कभी मिलने का सौभाग्य प्राप्त नहीं हुआ।"

विद्यार्थीजी ने उसी समय अपने कक्ष में एक सरदार युवक को बुलाया और उसका परिचय करवाते हुए बोले, "इनसे मिलो, ये हैं बलवंत उर्फ भगत सिंह।"

राजगुरु अवाक् रह गए। भगत सिंह से इस तरह अचानक भेंट होगी, इस बारे में उन्होंने कभी सोचा भी नहीं था। वे तेजी से खड़े हुए और भगत सिंह के गले लग गए। भगत सिंह ने भी उन्हें मजबूती से बाँहों में भर लिया और हँसते हुए बोले, "राजगुरु! पंडितजी से मैंने तुम्हारे बारे में बहुत कुछ सुना था। दिल्ली-कांड में तुम्हारे कारनामे को सुनकर मैं तुम्हारा कायल हो गया हूँ। आज से हम मिलकर क्रांति की ज्वाला प्रज्वलित करेंगे। हम शत्रुओं को बता देंगे कि जब मराठा और पंजाबी एक हो जाएँ तो शत्रुओं का सर्वनाश निश्चित है।"

"मैं सदैव आपके साथ हूँ।" राजगुरु ने उनका समर्थन किया।

इस प्रकार प्रताप के कार्यालय में दो महान् क्रांतिकारियों के बीच जो मित्रता हुई, वह मृत्यु की वेदी तक एक-सी बनी रही। उन्होंने एक-दूसरे का हाथ थामा तो जीवन के अंतिम क्षणों तक

उसे थामे रहे। इसके बाद राजगुरु पूरी तरह से भगत सिंह के 'भक्त' हो गए।

समाजवाद के समर्थक

कुछ दिन कानपुर में रहने के बाद भगत सिंह लाहौर लौट गए। आजाद और राजगुरु से मिलने के बाद उनके हौसले बुलंद थे; इरादों में दृढ़ता बढ़ गई थी। उन्होंने लाहौर में क्रांतिकारी विचारों वाले युवकों को एकत्रित करना आरंभ किया। शीघ्र ही सुखदेव, धनवंतरी, यशपाल, पिंडीदास, भगवतीचरण वोहरा जैसे युवक उनके साथ जुड़ गए।

क्रांतिकारियों के मार्गदर्शन हेतु तथा उन्हें एक सूत्र में पिरोने के लिए भगत सिंह और भगवतीचरण ने मिलकर 'नौजवान भारत सभा' की स्थापना की। इससे क्रांतिकारी आंदोलन को एक विस्तृत मंच मिला, जिसका उद्देश्य विभिन्न माध्यमों से जनता द्वारा संपर्क साधना और उन्हें क्रांतिकारी आंदोलन के उद्देश्यों एवं विचारों से अवगत करवाना था।

भगत सिंह का मानना था कि क्रांति का मुख्य लक्ष्य श्रमजीवी समुदाय का कल्याण होना चाहिए। इनमें वे लोग भी सम्मिलित होने चाहिए, जो अपने परिवार का भरण-पोषण करने में असमर्थ हैं। इसी अवधारणा को लेकर नौजवान भारत सभा का गठन किया गया था। यही कारण था कि सभा द्वारा जो उद्देश्य निर्धारित किए गए, वे जन-साधारण में अत्यंत लोकप्रिय हुए। ये उद्देश्य निम्नलिखित हैं :

- किसानों एवं श्रमिकों को संगठित कर एक पूर्ण गणराज्य स्थापित करना।
- धर्म या जाति की अपेक्षा राष्ट्रीयता के आधार पर नौजवानों में देशभक्ति की भावना का संचार करना।

- सांप्रदायिकता-विरोधी तथा किसान-श्रमिकों के आदर्श गणतांत्रिक राज्य की प्राप्ति में सहायक होने वाले आर्थिक, सामाजिक तथा औद्योगिक क्षेत्रों के आंदोलनों के साथ सहानुभूति रखते हुए उनकी सहायता करना।

सर्वसम्मति से रामकिशन को सभा का अध्यक्ष मनोनीत किया गया। भगत सिंह इसके महामंत्री तथा भगवतीचरण प्रचार मंत्री थे। इसके अतिरिक्त लाहौर में सक्रिय अनेक क्रांतिकारी भी इसके सदस्य बन गए थे।

राजगुरु को जब नौजवान भारत सभा की स्थापना की सूचना मिली तो उन्होंने भी इसकी सदस्यता स्वीकार कर ली।

भगत सिंह की तरह राजगुरु भी समाजवाद के समर्थक थे। उनका मानना था कि समाजवाद का रास्ता देश के उज्ज्वल भविष्य का रास्ता है। समाजवाद क्या है? किन उपायों से इसकी स्थापना संभव है? भविष्य में समाजवादी समाज की रूपरेखा क्या होगी?—यद्यपि वे इस बारे में अनभिज्ञ थे, लेकिन उन्हें यह अवश्य पता था कि पूँजीवादी समाज में श्रम करने वालों की कमाई थोड़े-से पूँजीपतियों के हाथ में चली जाती है। इसके विपरीत समाजवादी समाज में न तो कोई अमीर होगा और न ही कोई गरीब। कोई किसी का शोषण नहीं करेगा और न ही एक देश दूसरे देश को गुलाम बनाकर रख सकेगा।

इस तरह मार्क्सवाद और समाजवाद की पर्याप्त जानकारी न होने के बाद भी राजगुरु अपने जीवन के अनुभवों से समाजवाद की ओर आकर्षित हुए थे।

□

10

काकोरी कांड

ब्रिटिश सरकार के अत्याचारों व दमनकारी नीतियों का प्रत्युत्तर देने के लिए चंद्रशेखर आजाद, रामप्रसाद बिस्मिल, बटुकेश्वर दत्त, अशफाक उल्ला, राजेंद्रनाथ लाहिड़ी, रोशनसिंह, योगेशचंद्र जैसे महान् क्रांतिकारियों का दल सक्रिय था। उनका उद्‌देश्य हथियारों के बल पर ब्रिटिश सरकार को भारत से उखाड़ फेंकना था। इसके लिए उन्हें अन्य क्रांतिकारियों से भी सहायता प्राप्त होती थी।

एक बार आजाद के नेतृत्व में क्रांतिकारियों ने बड़े पैमाने पर विद्रोह करने की योजना बनाई, परंतु योजना को कारागर बनाने के लिए विपुल धन की आवश्यकता थी। योगेशचंद्र ने धन जुटाने के लिए डकैती डालने की बात कही। बात प्रशंसनीय थी, लेकिन साधारण लोगों को लूटने से क्रांतिकारियों की छवि खराब हो सकती थी। ऐसे में रामप्रसाद बिस्मिल ने सुझाव दिया, ''मेरी जानकारी के अनुसार सहारनपुर से लखनऊ जानेवाली आठ नंबर की डाउन ट्रेन में सरकारी खजाना जाएगा। उसे लूट लेने से हमारी सारी मुश्किलें आसान हो जाएँगी।'' सभी ने सुझाव का समर्थन किया।

अंततः 9 अगस्त को लखनऊ से आठ मील की दूरी पर स्थित 'काकोरी' नामक स्टेशन पर सरकारी खजाना लूट लिया गया। इस डकैती से क्रांतिकारियों को आठ हजार छह सौ रुपए मिले। धन उम्मीद से ज्यादा था, परंतु इसके लिए उन्हें इससे भी बड़ी कीमत चुकानी पड़ी।

अगले दिन डकैती की खबर चारों ओर फैल गई। 'काकोरी कांड'

ने सरकार को बुरी तरह से हिला दिया। शीघ्र ही क्रांतिकारियों की धरपकड़ आरंभ हो गई। इस दौरान पुलिस के हाथ एक ऐसा क्रांतिकारी लगा जिसने सरकारी गवाह बनकर सारी बात उगल दी। इस गद्दारी ने क्रांतिकारियों के चेहरे स्पष्ट कर दिए थे। दो दिन के अंदर-अंदर बताए गए स्थानों पर छापे मारकर अनेक क्रांतिकारियों को पकड़ लिया गया। इनमें रामप्रसाद बिस्मिल, रोशनसिंह, राजेंद्रनाथ लाहिड़ी और अशफाक उल्ला खाँ भी थे। लखनऊ की अदालत में डेढ़ वर्ष तक मुकदमा चला। अंत में चारों को फाँसी की सजा सुनाई गई। इस कठोर निर्णय ने जनमानस को व्यथित कर दिया। देश के लिए लड़ने वाले इन युवकों ने छोटी उम्र में ही मौत को गले लगा लिया।

हिंदुस्तान समाजवादी प्रजातांत्रिक संघ

पूर्व में घटित घटनाओं के कारण क्रांतिकारी अलग-थलग पड़ गए थे। उन्हें पुनः संगठित करने के उद्देश्य से 8 सितंबर, 1928 को दिल्ली के फिरोजशाह कोटला के खँडहरों में अखिल भारतीय बैठक आयोजित की गई। बंगाल के सभी प्रमुख क्रांतिकारियों को छोड़कर इस सभा में देशभर के सभी प्रमुख क्रांतिकारी सम्मिलित हुए।

बैठक में भगत सिंह क्रांतिकारियों को संबोधित करते हुए बोले, "भाइयो! मेरे देशप्रेमियो! यदि हम अपनी पूरी शक्ति; पूरी सामर्थ्य से कार्य करें तो हमारे लिए कुछ भी असंभव नहीं है। हमारे हृदय में देशभक्ति और भुजाओं में असीम पराक्रम है; हम सभी में अपना संपूर्ण जीवन हँसते-हँसते क्रांति की धधकती ज्वालाओं में झोंक देने का साहस है। इतना कुछ होते हुए भी हमें सफलता नहीं मिली, क्योंकि हम अकेले लड़ते रहे। मेरे विचार में प्रांतीय संगठनों को साथ मिलकर कार्य करना चाहिए। सबका एक संगठन, एक उद्देश्य, एक कार्यप्रणाली और एक ही लक्ष्य होना चाहिए। हम यहाँ ऐसे संगठन के निर्माण हेतु एकत्रित हुए हैं। मैं संगठन का नाम 'हिंदुस्तान समाजवादी प्रजातांत्रिक संघ' घोषित करता हूँ।"

इस प्रकार 'हिंदुस्तान समाजवादी प्रजातांत्रिक संघ' की स्थापना हुई।

बैठक के अंतर्गत एक संघपति चुनने की पद्धति चलाई गई। चोटिल होने के कारण आजाद बैठक में उपस्थित नहीं हुए थे, लेकिन क्रांतिकारियों ने सर्वसम्मति से उन्हें संघपति चुन लिया। सुखदेव को पंजाब, कुंदनलाल को राजस्थान, शिव वर्मा को उत्तर प्रदेश तथा फणींद्रनाथ को बिहार में संगठन का प्रतिनिधि नियुक्त किया गया। उनका कार्य अपने-अपने प्रांतों में क्रांति की मशाल प्रज्वलित करना, जनता में जागरुकता लाना, युवकों को दल में सम्मिलित होने के लिए प्रेरित करना तथा क्रांतिकारी गतिविधियों का संचालन करना था। भगत सिंह और विजय कुमार सिन्हा को प्रांतों के बीच संबंध बनाए रखने का कार्यभार सौंपा गया।

इस बैठक के दौरान निम्नलिखित कुछ महत्त्वपूर्ण निर्णय लिए गए-

- संगठन के पास आर्थिक स्रोतों का अभाव है, इसलिए सरकारी खजानों, बैंकों तथा डाकघरों को लूटकर आवश्यक धन एकत्रित किया जाए।
- सार्वजनिक महत्त्व के राष्ट्रीय मामलों पर ही कार्यवाही की जाएगी।
- धनकोष और हथियार समिति के अधीन रहेंगे, लेकिन आवश्यकता पड़ने पर उन्हें संबंधित क्षेत्रों में भेजा जाएगा। कार्य-समाप्ति के बाद वे पुनः समिति के पास पहुँचा दिए जाएँगे।
- बम-निर्माण और दल के सदस्यों को बम बनाने का प्रशिक्षण देने के लिए निपुण व योग्य व्यक्तियों को ढूँढ़ा जाएगा।
- काकोरी कांड के अभियुक्त योगेशचंद्र चटर्जी को जेल से छुड़वाया जाएगा।

उपर्युक्त निर्णयों की एक प्रति चंद्रशेखर आजाद को प्रेषित कर दी गई। तदंतर दल का मुख्यालय आगरा से झाँसी स्थानांतरित करने का निश्चय किया गया।

'एम' का अर्थ

पुलिस और मुखबिरों से सतर्क रहने के लिए दल के कुछ क्रांतिकारियों को उपनाम दिए गए थे और यह नियम बनाया गया कि एक-दूसरे को वे इन्हीं उपनाम से संबोधित करेंगे। भगत सिंह को 'रणजीत' सुखदेव को 'विलेजर' फणींद्रनाथ को 'दादा' शिव वर्मा को 'प्रभात' कुंदनलाल को 'प्रताप' व 'नंबर वन' विजय कुमार को 'बच्चू' और आजाद को 'पंडितजी' व 'नंबर दो' नाम दिए गए। यद्यपि आजाद ने पहले ही राजगुरु का उपनाम 'रघुनाथ' रखा था, लेकिन उन्हें एक अतिरिक्त उपनाम और दिया गया—'एम'।

'एम! यह कैसा नाम है?' राजगुरु सोच में थे।

'सबके नाम इतने सार्थक हैं, फिर मेरा नाम ऐसा क्यों? अवश्य इसका कोई महत्त्वपूर्ण अर्थ होगा।' राजगुरु ने मन की बात आजाद के समक्ष रखी।

तब आजाद हँसते हुए बोले, ''तुमने ठीक सोचा, राजगुरु! 'एम' का वास्तव में बहुत महत्त्वपूर्ण अर्थ है। तुम महाराष्ट्र से हो और वीर मराठों का प्रतिनिधित्व करते हो, इसलिए मैंने तुम्हारा नाम 'एम' रखा है। 'एम' का अर्थ है—'मराठा'। एक ऐसा मराठा जो कभी रणभूमि में पीठ नहीं दिखाता; जो दुश्मनों के दाँत खट्टे करने का दम रखता है; जो स्वार्थ और सुख से ऊपर देश के लिए सोचता है।''

अपने उपनाम का अर्थ जानकर राजगुरु के चेहरे पर प्रसन्नता खिल उठी।

□

11

साइमन कमीशन

सरकारी विरोध के चलते ब्रिटिश सरकार ने सन् 1919 में लॉर्ड मॉन्टैग्यू और लॉर्ड चेम्सफोर्ड के नेतृत्व में एक समिति बनाई जिसने भारतीय लोगों के हितार्थ कुछ सुधार सुझाए, लेकिन वे सुधार मात्र छलावा सिद्ध हुए। इसके बाद जब देश में उथल-पुथल ज्यादा बढ़ गई; क्रांतिकारियों का प्रभाव बढ़ने लगा, तब सरकार ने 8 नवंबर, 1927 को घोषणा की कि भारत की स्थिति का अध्ययन करने के लिए सात सदस्यीय दल भारत आ रहा है। इसका कार्य देश के विभिन्न हिस्सों में जाकर लोगों की कठिनाइयाँ जानना और उसके बारे में सरकार से सिफारिश करना था, लेकिन आश्चर्य की बात थी कि इसमें किसी भी भारतीय नेता को सम्मिलित नहीं किया गया था। समाचारपत्रों ने इसकी तीव्र भर्त्सना की। नरम और उग्र दलों ने एक साथ मिलकर इस कमीशन के बहिष्कार का निश्चय कर लिया।

3 फरवरी, 1928 को सदस्यों का दल बंबई पहुँचा। इसकी अध्यक्षता लंदन के प्रसिद्ध बैरिस्टर सर जॉन साइमन कर रहे थे, इसलिए इसे 'साइमन कमीशन' कहा गया। कमीशन के भारत की धरती पर पैर रखते ही संपूर्ण देश एकजुटता की डोर में बँध गया। योजना के अनुसार उस दिन देशभर में हड़ताल घोषित की गई तथा काले झंडों व 'साइमन कमीशन वापस जाओ' के नारों से कमीशन का स्वागत किया गया। बंबई (मुंबई) की सड़कें काले झंडों से पट गईं; दूर-दूर तक लोगों के विरोध के स्वर सुनाई दे रहे थे। इस

अप्रत्याशित प्रदर्शन से सरकार बौखला गई। उसे इतने बड़े स्तर पर प्रतिरोध की अपेक्षा नहीं थी।

तनावयुक्त वातावरण में कार्य समाप्त करके कमीशन दिल्ली के लिए रवाना हुआ, लेकिन यहाँ भी स्थिति पूर्ववत् बनी रही। कमीशन के सदस्यों ने जैसे ही ट्रेन से बाहर कदम रखे, पूरा स्टेशन 'साइमन कमीशन वापस जाओ' के नारों से गूँज उठा। चारों ओर काले झंडों और उग्र भीड़ के अतिरिक्त कुछ दिखाई नहीं दे रहा था। जैसे-तैसे करके कमीशन को स्टेशन से निकाला गया, लेकिन बाहर स्थिति और भी विकट थी। जहाँ भी नजर जाती, काले झंडों के साथ स्वागत करते लोगों का विशाल समूह दिखाई देता। विरोधस्वरूप स्टेशन से कमीशन के गतंव्य स्थान तक का मार्ग काले झंडों से भर दिया गया था।

बंबई और दिल्ली के बाद अब मद्रास (चेन्नई) की बारी थी। प्रदर्शनकारियों ने वहाँ भी कमीशन का योजनाबद्ध तरीके से स्वागत किया, लेकिन इस बार अंग्रेजों के सब्र का बाँध टूट गया। उन्होंने भीड़ पर फायरिंग करके तीन प्रदर्शनकारियों को मार गिराया। सरकार आंदोलनकारियों को किसी भी तरह की ढील नहीं देना चाहती थी, इसलिए कलकत्ता (कोलकाता) में दमन की पुनरावृत्ति की गई। इस बार मुठभेड़ जबरदस्त थी, जिसमें अनेक प्रदर्शनकारी घायल हो गए।

लालाजी की शहादत

कमीशन का पाँचवाँ पड़ाव लाहौर था। उन दिनों लाहौर को क्रांतिकारियों का प्रमुख गढ़ माना जाता था। मद्रास और कलकत्ता में पुलिस द्वारा प्रदर्शनकारियों पर की गई बर्बरता से वहाँ के क्रांतिकारी क्षुब्ध थे। वे सरकार को मुँहतोड़ जवाब देना चाहते थे। उन्होंने निर्णय लिया कि जिस प्रकार साइमन कमीशन का विरोध हो रहा है, वे उसी तरह प्रदर्शन में सम्मिलित होंगे।

लाहौर में कमीशन के बहिष्कार की जिम्मेदारी 'नौजवान भारत सभा' पर थी और उसने इसके लिए कमर कस ली।

जिस दिन कमीशन ने लाहौर पहुँचना था, उस दिन भगत सिंह लाला लाजपत राय को साथ लेकर स्टेशन पहुँच गए। नौजवान भारत सभा ने उनके नेतृत्व में प्रदर्शन करने का निर्णय लिया था। लालाजी की सुरक्षा को ध्यान में रखते हुए क्रांतिकारियों की टोली ने उन्हें घेर लिया। भगत सिंह उनके साथ खड़े हुए 'इंकलाब जिंदाबाद' के नारे लगा रहे थे। उनके बीच में लाला लाजपत राय सिंह की भाँति खड़े थे। देशभर की निगाहें उन पर टिकी हुई थीं। वे चट्टान की भाँति अडिग होकर करोड़ों भारतीयों की भावनाओं और राष्ट्रीयता का प्रतिनिधित्व कर रहे थे।

इधर स्टेशन पर बहिष्कार की पृष्ठभूमि तैयार थी, उधर शहर में हड़ताल कर दी गई। सड़कों के दोनों ओर काले झंडे लगा दिए गए।

निर्धारित समय पर ट्रेन स्टेशन पर आकर रुकी; कमीशन के सदस्यों ने बाहर कदम रखे। उन्हें देखते ही भगत सिंह ने नारा लगाया, "इंकलाब··· जिंदाबाद! साइमन कमीशन··· वापस जाओ! अत्याचारी अंग्रेज सरकार···, देश से जाओ बाहर!" और फिर देखते-ही-देखते उपस्थित जनसमूह काले झंडों को लहरा-लहराकर विरोध प्रदर्शित करने लगे।

स्टेशन से बाहर निकलने के मार्ग अवरुद्ध थे; प्रदर्शनकारियों की भीड़ निरंतर बढ़ती जा रही थी। ऐसे में मोर्चा तोड़ने के लिए पुलिस लाठीचार्ज करने लगी, फिर भी प्रदर्शनकारी पीछे नहीं हटे। अत्याचारी और अन्यायी शासन के प्रति क्रोध उत्पन्न होने के कारण वे अपने स्थानों पर अटल खड़े हुए नारे लगाते रहे।

'लालाजी वाला मोर्चा कमजोर होगा' यह सोचकर सिपाही उन्हें खदेड़ने का प्रयास करने लगे, लेकिन उनका आकलन गलत था। जिस ओर पंजाब केसरी लाला लाजपत राय, भगत सिंह तथा

सुखदेव जैसे क्रांतिकारी हों, वह मोर्चा कमजोर नहीं, बल्कि सबसे मजबूत था। सुखदेव, यशपाल, धनवंतरी, अहसान–सभी लालाजी को घेरे हुए थे। जब मामूली लाठीचार्ज से काम नहीं चला तो पुलिस अधिकारी स्कॉट ने पुलिस दल को मोर्चे पर भीषण प्रहार करने का आदेश दे दिया।

आदेश मिलते ही पुलिस अधीक्षक जे. पी. सांडर्स अन्य सिपाहियों के साथ लाठी लेकर भीड़ पर टूट पड़ा और बेरहमी से प्रहार करने लगा। मोर्चे के नेता लाला लाजपत राय उसके प्रहारों का मुख्य केंद्र थे। उसका पहला वार लालाजी की छतरी पर पड़ा। प्रहार इतना तीव्र था कि छतरी टूट गई। उसके बाद सांडर्स ने कंधे पर वार किया। लालाजी लड़खड़ाकर गिरने लगे, लेकिन सँभलकर पुनः योद्धा की भाँति डट गए और तीव्र स्वर में नारे लगाने लगे। सांडर्स का क्रोध भड़क उठा। उसने तीसरा वार उनके माथे पर किया। चोट लगते ही लालाजी के माथे से रक्त का फव्वारा फूट पड़ा; आँखों के आगे अँधेरा छा गया। सहसा वे गर्जना करते हुए बोले, ''पुलिस की इस जालिमाना हरकत की मुखालफत में मुजाहिरे को मुअत्तल कर दिया जाए।''

पुलिस की बर्बरता के चलते प्रदर्शन को स्थगित करना प्रदर्शनकारियों को स्वीकार्य नहीं था, लेकिन लालाजी की बात भी नहीं टाली जा सकती थी, इसलिए अनिच्छापूर्वक मोर्चा तोड़ दिया गया और पुलिस अधिकारी कमीशन के सदस्यों को लेकर वहाँ से निकल गए। इस सारे घटनाक्रम के समय भगत सिंह लालाजी के साथ थे, लेकिन प्रदर्शन के दौरान कोई भी हिंसात्मक कार्य या प्रतिरोध नहीं किया जाएगा, इसका निर्णय पहले ही हो चुका था। अतः वे पुलिस की बर्बरता को चुपचाप देखते रहे।

स्थिति के बिगड़ने की आशंका से लाहौर में धारा 144 लागू कर दी गई और विभिन्न स्थानों पर सैन्यबल तैनात कर दिया गया।

लाठी के प्रहारों से न सिर्फ लालाजी का शरीर वरन् स्वाभिमान और अंतर्मन भी बुरी तरह से चोटिल हो गया था। शारीरिक पीड़ा से अधिक उन्हें मानसिक पीड़ा हुई थी। अंततः इसी पीड़ा के कारण 17 नवंबर, 1928 को पंजाब केसरी लाला लाजपत राय ने सदा के लिए आँखें मूँद लीं। रावी के पावन तट पर इस महान् आत्मा को अंतिम विदाई दी गई। इस अवसर पर एक लाख से अधिक लोगों ने उपस्थित होकर उन्हें श्रद्धांजलि दी।

उन दिनों अस्वस्थ होने के कारण राजगुरु पूना में थे, लेकिन उन्हें इस अप्रिय घटना का समाचार मिला तो स्तब्ध रह गए। स्वास्थ्य की चिंता किए बिना उसी समय उन्होंने लाहौर जाने वाली ट्रेन पकड़ ली।

अपमान का दंश

10 दिसंबर, 1928 को लाहौर के 'मजंग' हाउस में क्रांतिकारियों की बैठक बुलाई गई। इसमें चंद्रशेखर आजाद, राजगुरु, भगत सिंह, जयगोपाल, किशोरीलाल, सुखदेव, महावीर सिंह तथा भगवानदास सम्मिलित हुए। सभा को संबोधित करते हुए राजगुरु ने गर्जना की, "अंग्रेजों ने हमारे स्वाभिमान और आत्मसम्मान को ललकारा है। लालाजी पर किया गया एक-एक वार हम पर ऋण है और हमें उनकी चिता की आग ठंडी होने से पहले यह ऋण चुकाना है। हमें उनकी मौत का प्रतिशोध लेना है और राजसत्ता को दिखाना है कि हम अपमान सहकर चुप बैठने वाले बुजदिल नहीं हैं। हमारा खून यह अपमान कदापि सहन नहीं कर सकता।"

"शांत हो जाओ। इस विषय पर गरमी से काम लेने की अपेक्षा ठंडे दिमाग से सोचने की जरूरत है।" आजाद ने राजगुरु के कंधे थपथपाए।

"कैसे शांत हो जाऊँ? उन्होंने हमारे पुरुषार्थ को ललकारा है; हमारे अस्तित्व को चुनौती है। जब तक मैं स्कॉट को गोली से नहीं

उड़ा देता, तब तक मेरा मन शांत नहीं हो सकता।''

तभी जयगोपाल बोल उठा, ''लालाजी नरमपंथी थे। हमने उनकी नीतियों का कभी समर्थन नहीं किया, न ही वे हमारी नीति को उचित मानते थे, फिर उनके लिए हमारे साथी प्राणों का संकट क्यों मोल लें? स्कॉट को मारने के लिए हमें जान की बाजी लगानी पड़ेगी, लेकिन यदि इसमें हमारे दो-तीन साथी शहीद हो गए तो हमारी पार्टी का अस्तित्व संकट में पड़ जाएगा।''

''यह सच है कि उनकी और हमारी नीतियाँ अलग-अलग थीं, परंतु वे हमारे वृद्ध पिता के समान थे। घर-घर में पिता-पुत्र में विचारों का मतभेद होता है, तो क्या इसका मतलब यह है कि पिता के अपमान पर पुत्र शांत बैठा रहे? शत्रु के कारण पिता की मृत्यु हुई है तो किस पुत्र का खून नहीं खौलेगा? यदि वह ऐसा करता है तो निस्संदेह वह सपूतों के नाम पर कलंक होगा। हम अपने पितृ-तुल्य लालाजी की मृत्यु का प्रतिशोध लेकर रहेंगे। चाहे उसके लिए हमें कोई भी कीमत क्यों न चुकानी पड़े।'' राजगुरु ने दृढ़ता के साथ कहा।

पलभर के लिए खामोशी छा गई; सभी भावनाओं के वेग में बहने लगे।

सहसा आजाद बोल उठे, ''हम राजगुरु की बात का समर्थन करते हैं। अब हमें ऐसे युवकों को चुनना है जो इस कार्य को पूर्ण करेंगे, लेकिन उससे पूर्व स्कॉट की गतिविधियों, कार्यालय में उसके आने-जाने के समय और रास्ते की जानकारी प्राप्त करना जरूरी है।''

''यह काम मैं करूँगा।'' जयगोपाल ने अपने स्थान पर खड़े होते हुए कहा।

''उसे गोली मारने की जिम्मेदारी मैं अपने कंधे पर लेता हूँ।'' रिवॉल्वर पर हाथ रखकर राजगुरु अधीर होकर बोले।

''ठीक है, लेकिन यदि निशाना चूक जाए और स्कॉट बचकर

भागने लगे तो एक साइकिल तैयार रखी जाए। मैं तत्काल पीछा करके उस पर गोली दाग दूँगा।'' भगत सिंह ने भी अपनी सहमति दे दी।

''यदि गोलियाँ दागकर बच निकलते समय किसी ने तुम्हारा पीछा किया तो मैं उसका रास्ता रोकूँगा। यदि आमने-सामने की लड़ाई लड़नी पड़ी तो भगवानदास, विजय आदि साथियों को लेकर सुखदेव एक ओर खड़ा रहेगा और समय पड़ने पर हमारी सहायता करेगा।'' राजगुरु ने योजना को अंतिम रूप दिया।

इस प्रकार अपमान के प्रतिशोध की योजना बना ली गई। □

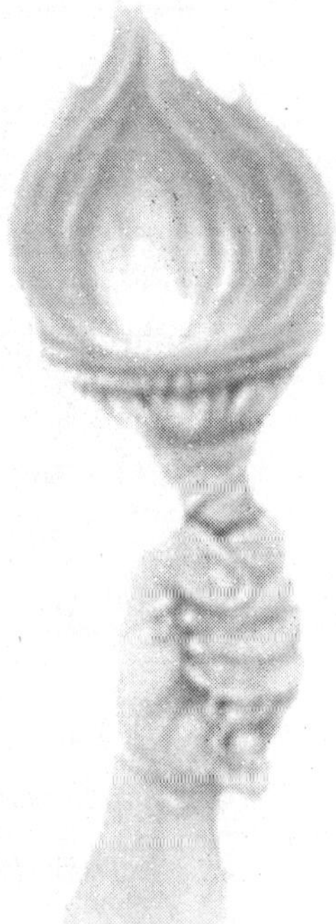

12

लाहौर षड्यंत्र

क्रांतिकारियों का दल शिकार की टोह में था। स्कॉट की गतिविधियों पर निरंतर नजर रखी जा रही थी। वह सुबह दस से ग्यारह के बीच कार्यालय में आता था और शाम को चार से पाँच के बीच घर लौट जाता था। चूँकि 16 दिसंबर को काकोरी दिवस मनाया जाना था, इसलिए आजाद चाहते थे कि 15 दिसंबर को स्कॉट की हत्या कर दी जाए, लेकिन इस दिन स्कॉट नहीं आया। अत: योजना को दो दिन और आगे बढ़ा दिया गया।

17 दिसंबर, 1928 को सुबह के 9.30 बजे थे। पुलिस कोतवाली के बाहर तैनात जयगोपाल ने मोटर साइकिल से एक यूरोपियन पुलिस अधिकारी को उतरते देखा। वर्दी देखकर उसने दूर से अंदाजा लगा लिया कि वह स्कॉट ही है। उसने पंडितजी को इसकी सूचना दी। दोपहर को लगभग 2 बजे क्रांतिकारियों ने स्कॉट को उसी दिन मारने का निर्णय लिया। पंडितजी ने रिवॉल्वर सँभाल लिया। भगत सिंह और राजगुरु को एक-एक रिवॉल्वर सौंपा गया। तदंतर राजगुरु पैदल डी.ए.वी. कॉलेज की ओर चल पड़े। पंडितजी, भगत सिंह और जयगोपाल साइकिलों से गए। बाद में उन्होंने दो साइकिलें कॉलेज में छिपा दीं।

चिलचिलाती धूप खिली हुई थी। दूर तक फैला हुआ रास्ता धूप से जल रहा था; झुलस रहा था। सारा वातावरण रूखा था। नीरव निःस्तब्धता छाई थी। रास्ते में सन्नाटा पसरा हुआ था। कोतवाली

के पास छिपे हुए क्रांतिकारी उचित समय की प्रतीक्षा कर रहे थे।

जब इंतजार लंबा हो गया तो तंग आकर राजगुरु ने पंडितजी से कहा, "अब मैं और प्रतीक्षा नहीं कर सकता। आप अनुमति दे तो मैं अंदर घुसकर उसका काम तमाम करके वापस आ जाता हूँ।"

पुलिस के पहरे में घुसकर स्कॉट को मारना दुस्साहसपूर्ण विचार था। इससे स्कॉट का कोई अहित नहीं होता, राजगुरु व्यर्थ में पकड़ा जाता। पंडितजी निष्ठावान साथी को इस प्रकार अकारण क्यों बलि होने देते! उन्होंने क्रोध से आँखें निकालकर प्रतीक्षा करने का संकेत किया।

कोतवाली के ठीक सामने रास्ते में साइकिल लेकर खड़ा जयगोपाल उसकी मरम्मत करने का दिखावा कर रहा था, तभी कोतवाली से एक पुलिस अधिकारी बाहर निकला। उसने मोटर साइकिल स्टार्ट की और उस पर सवार होकर फाटक की ओर चल पड़ा। वह बाहर निकलने ही वाला था कि जयगोपाल ने संकेत किया।

जैसे ही मोटर साइकिल फाटक से निकली, आड़ में खड़े राजगुरु ने गोली चला दी। निशाना अचूक था; गोली ने मस्तक को भेद दिया। पुलिस अधिकारी मोटर साइकिल समेत नीचे गिर पड़ा। उसका काम तमाम हो चुका था।

कहीं स्कॉट जीवित न हो, यह सोचकर भगत सिंह ने भी मृत स्कॉट पर एक के बाद एक कई गोलियाँ दाग दीं। सिर से कंधे तक का शरीर बुरी तरह से छलनी हो गया था। लालाजी की शहादत का कारण बनने वाला अत्याचारी गोलियों का निशाना बन गया था; घमंडी का अहंकार सदा के लिए मिट्टी में मिल गया था।

क्रांतिकारियों ने बहादुरी दिखाते हुए खूँखार समझी जानेवाली कोतवाली के सामने सरकार के एक मजबूत स्तंभ को गिरा दिया था।

योजना के अनुसार राजगुरु और भगत सिंह तेजी से डी.ए.वी. कॉलेज की ओर चल दिए, लेकिन यह घटना ट्रैफिक इंस्पेक्टर फर्न

देख चुका था। सिपाहियों के साथ वह उनका पीछा करने लगा। दौड़ते हुए फर्न राजगुरु के बहुत पास आ गया। जान बचाने के लिए उन्होंने गोली चलाई, परंतु निशाना चूक गया। राजगुरु पलभर के लिए ठिठके और फिर पलटकर फर्न पर टूट पड़े। पहलवानी का दाँव मारकर उन्होंने फर्न को कठोर जमीन पर पटक दिया और उसके सँभलने से पूर्व ही दौड़ते हुए दूर निकल गए।

फर्न किसी भी तरह से हार मानने वाला नहीं था। वह उठा और फिर पीछा करने लगा, तभी भगत सिंह ने पीछे मुड़कर उस पर गोली चला दी। गोली पास से निकल गई, लेकिन डर के मारे फर्न वहीं लुढ़क गया। भगत सिंह दूसरी गोली दागने ही वाले थे कि आजाद की आवाज सुनाई दी, ''जल्दी भागो यहाँ से।''

तीनों भागते हुए कॉलेज के अहाते में घुस गए, लेकिन चंदन सिंह नामक एक सिपाही अभी भी पीछा कर रहा था। साहब की मौत से वह राजभक्त सिपाही भड़क उठा था। गोलियों की परवाह किए बिना वह उनका पीछा करता रहा।

भगत सिंह आगे भाग रहे थे। उनके पीछे राजगुरु थे। सबसे पीछे चंदन सिंह दौड़ रहा था। इस भागमभाग में राजगुरु को पीछे छोड़ते हुए चंदनसिंह आगे निकल गया। उसका पूरा ध्यान भगत सिंह पर केंद्रित था। यह देखकर राजगुरु ने रफ्तार तेज कर दी। चंदन सिंह भगत सिंह को पकड़े, इससे पूर्व ही वे उसे दबोच लेना चाहते थे, लेकिन दोनों काफी आगे निकल चुके थे। अतः राजगुरु ने दौड़ते हुए निशाना लिया और गोली चला दी। गोली चंदन सिह के पैर में लगी। वह लड़खड़ाया, सँभला और फिर पीछा करने लगा। विवश होकर राजगुरु ने दूसरी गोली चलाई। इस बार गोली पेट में लगी। चीख मारकर चंदन सिंह जमीन पर गिर गया। उसे छटपटाते देखकर फिर किसी ने पीछा करने का साहस नहीं किया।

भागते-भागते वे कॉलेज के छात्रावास से बाहर आ गए। वहाँ

साइकिलें खड़ी हुई थीं। एक साइकिल पर भगत सिंह बैठे और दूसरी को आजाद अपने पीछे राजगुरु को बिठाकर चलाने लगे। थोड़ी देर में ही दोनों साइकिलें मजंग हाउस के अहाते में प्रवेश कर गईं। योजना कामयाब हो चुकी थी; प्रसन्नता से सबके चेहरे दमक रहे थे।

लेकिन इस घटनाक्रम में एक बड़ी भूल हो गई थी। इसका कारण जयगोपाल था। स्कॉट और सांडर्स की वर्दी एक जैसी थी। भूलवश उसने सांडर्स को ही स्कॉट समझ लिया था। वास्तव में जनरल स्कॉट डर के मारे कुछ दिनों के लिए लाहौर से बाहर चला गया था। क्रांतिकारियों की गोलियाँ का निशाना बनने वाला स्कॉट नहीं बल्कि सांडर्स था। चूँकि सांडर्स ने लाला लाजपत राय पर लाठियों से वार किया था और स्कॉट के बाद वह भी क्रांतिकारियों की नजर में था, इसलिए उन्होंने उसकी हत्या से ही संतोष कर लिया।

इस अप्रत्याशित घटना ने शहर में तहलका मचा दिया। सरकार और उसका गुप्तचर विभाग हिलकर रह गया। शर्म से उनका सिर झुक गया। दिन-दहाड़े उनकी नाक के नीचे ब्रिटिश अधिकारी को मार दिया गया था—यह उनके लिए डूब मरने वाली बात थी, लेकिन लोग वयोवृद्ध नेता के खून का बदला लेने वाले क्रांतिकारियों की जय-जय कर उठे। यह घटना 'लाहौर षड्‌यंत्र' के नाम से प्रसिद्ध हुई।

राजगुरु का पश्चात्ताप

राजगुरु ने एक ही गोली में दुश्मन को रौंद डाला था; सभी उनकी प्रशंसा कर रहे थे, परंतु उनके चेहरे पर उदासी व्याप्त थी। उनकी यह उदासी भगवानदास ने पढ़ ली। उन्होंने विस्मित होकर पूछा, "राजगुरु! इतनी बड़ी सफलता मिलने के बाद भी तुम उदास क्यों हो? तुम्हें तो प्रसन्न होना चाहिए; आनंद में भरकर नाचना चाहिए।"

‘‘यदि मेरे स्थान पर तुम होते तो शायद तुम भी उदास होते। हमारा पीछा करने वाला सिपाही व्यर्थ में मारा गया। उसके परिवार पर दुःख का पहाड़ टूट गया; उसके बाल-बच्चे अनाथ हो गए।’’ राजगुरु दुःखभरे स्वर में बोले।

तब पंडितजी उन्हें समझाते हुए बोले, ‘‘राजगुरु! उस समय वह अपने कर्तव्य का निर्वाह कर रहा था, जबकि हमें अपना कर्तव्य निभाना था, इसलिए उसे मारना अनुचित नहीं है। यदि तुम ऐसा नहीं करते तो हम सब मारे जाते। तुमने हमारी रक्षा के लिए उसे मारा है। वैसे भी अनेक को बचाने के लिए एक को मारना गलत नहीं है।’’

बात राजगुरु की समझ में आ गई और फिर उनके चेहरे से उदासी के बादल छँट गए।

‘नौकरशाही सावधान!’

अगले दिन सूर्योदय के साथ ही जगह-जगह दीवारों पर पोस्टर लगे हुए थे। गुलाबी कागज पर लाल स्याही से लिखे गए इन पोस्टरों में वस्तुतः क्रांतिकारियों का स्पष्टीकरण था। इसके अनुसार-

‘‘नौकरशाही सावधान!

जे.पी. सांडर्स की मौत से लाला लाजपत राय की हत्या का बदला ले लिया गया है।

यह कितना अफसोसजनक है कि जे.पी. सांडर्स जैसे एक मामूली पुलिस अफसर के कमीने हाथों ने तीस करोड़ जनता के हृदय-सम्राट् नेता पर हमला करके उनकी जान ले ली। राष्ट्र का यह अपमान हिंदुस्तानी मर्दों और युवकों के लिए एक चुनौती थी। आज संसार ने अपनी आँखों से देख लिया है कि हिंदुस्तान की जनता निष्प्राण नहीं है। उसका खून जम नहीं गया है, वह अपने राष्ट्र के लिए प्राणों की बाजी लगा

सकती है। यह प्रमाण देश के उन युवकों ने दिया है, जिनकी इसी देश के नेता निंदा और अवमानना करते हैं।

अत्याचारी सरकार सावधान!

इस देश की दलित और पीड़ित जनता की भावनाओ को चोट न पहुँचाओ। अपनी शैतानी हरकतें बंद करो। हिंदुस्तानियों को हथियार न रखने दिए जाएँ, तुम्हारे बनाए गए ऐसे कानूनों और तमाम चौकसी के बाद भी इस देश की जनता के हाथ में पिस्तौल और रिवॉल्वर आते रहेंगे। यदि ये हथियार क्रांति के लिए पर्याप्त न हुए तो भी राष्ट्रीय अपमान का बदला लेते रहने के लिए काफी रहेंगे। हमारे अपने लोग भले ही हमारी निंदा और अपमान करें; विदेशी सरकार चाहे हमारा कितना भी दमन कर ले, लेकिन हम राष्ट्र के सम्मान की रक्षा के लिए और आततायियों को सबक सिखाने के लिए हमेशा तैयार रहेंगे। हम सब विरोध और दमन के बाजवूद क्रांति की पुकार को बुलंद रखेंगे और फाँसी के तख्तों से भी यही पुकारते रहेंगे–

इंकलाब जिंदाबाद!

हमारे हाथों एक व्यक्ति की हत्या हुई, इसका हमें खेद है, लेकिन वह व्यक्ति उस निर्दयी और अन्यायी व्यवस्था का एक अंग था, जिसका खात्मा करना अत्यंत आवश्यक था। उस व्यक्ति को हिंदुस्तान में ब्रिटिश हुकूमत के एक कारिंदे के तौर पर मौत के घाट उतारा गया है, जो दुनिया की सबसे ज्यादा अत्याचारी सरकार है।

एक मनुष्य का रक्त बहाने का हमें खेद है, परंतु क्रांति के लिए रक्त बहाना जरूरी हो जाता है। हमारा मकसद ऐसी क्रांति से है, जो मनुष्य द्वारा मनुष्य के शोषण को समाप्त कर देगी।

इंकलाब जिंदाबाद!

हस्ताक्षर बलराज

संघपति ह.स.प्र.से.

जनता मन-ही-मन क्रांतिकारियों के सुयश की कामना कर रही थी। इसके विपरीत सरकार बौखला उठी। नौजवान भारत सभा और स्टूडेंट्स यूनियन के अनेक सदस्यों को पकड़ा गया; उनके घरों की तलाशी ली गई, लेकिन लाहौर षड्यंत्र से जुड़ा कोई भी सबूत नहीं मिला। सभी महत्त्वपूर्ण क्रांतिकारी भूमिगत हो चुके थे। □

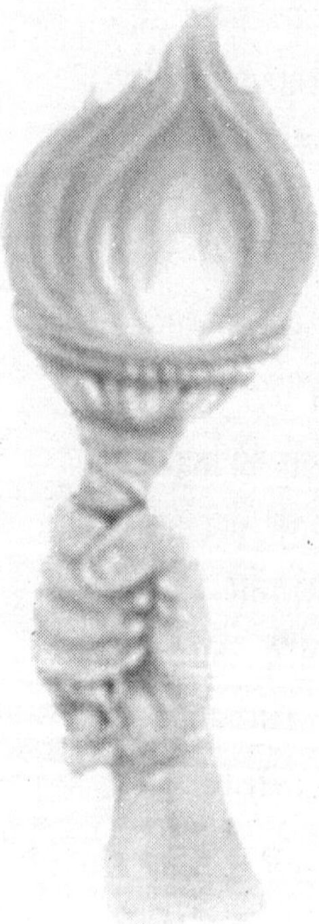

13

लाहौर से विदाई

सांडर्स के हत्यारों को पकड़ने के लिए सरकार ने कार्यवाही तेज कर दी थी; जगह-जगह पर छापे मारकर क्रांतिकारियों को पकड़ने का प्रयास जारी था। बढ़ते शिकंजे से बचने के लिए पंडितजी ने राजगुरु और भगत सिंह को लाहौर से निकल जाने का परामर्श दिया। वे स्वयं लखनऊ जाने का मन बना चुके थे। सोचना जितना सरल था, अमल में लाना उतना ही दुष्कर, लेकिन इसकी योजना भी बना ली गई। इसके लिए दुर्गा भाभी की सहायता जरूरी थी। वे भगवतीचरण की पत्नी थीं और पति की तरह ही क्रांतिकारी गतिविधियों में बढ़-चढ़कर हिस्सा लेती थीं। उन दिनों भगवतीचरण कांग्रेस अधिवेशन में सम्मिलित होने कलकत्ता गए हुए था, इसलिए दुर्गा भाभी से बात करने की जिम्मेदारी सुखदेव को सौंपी गई।

रात के आठ बजे सुखदेव ने दरवाजे से आवाज लगाई, "भाभीजी!"

आवाज सुनकर दुर्गा भाभी चौंक गईं और बाहर आकर बोलीं, "अंदर आइए न सुखदेव भइया! आज अचानक यहाँ कैसे? कोई विशेष काम है?"

सुखदेव अंदर आते हुए धीमे स्वर में बोला, "हाँ भाभी! एक विशेष काम से आया हूँ। क्या आप बाहर जा सकेंगी?"

"कहाँ जाना है?" दुर्गा भाभी ने प्रश्न किया।

"दो आदमियों को लाहौर के बाहर पहुँचाना है। उनमें से

किसी एक के साथ मेमसाहब बनकर जाना होगा। काम जोखिम भरा है; शायद जान पर भी बन सकती है, इसलिए सोचकर बताइए।'' सुखदेव ने उनके चेहरे की ओर देखते हुए कहा।

उन्होंने शांत स्वर में पूछा, ''वे आदमी कौन हैं?''

''यह मैं अभी नहीं बता सकता।'' सुखदेव ने बात टाली।

''मैं जाने के लिए तैयार हूँ।'' दुर्गा भाभी ने दृढ़ स्वर में कहा।

''ठीक है। आज रात वे यहीं आकर रहेंगे, फिर कल सुबह आप तीनों यहाँ से प्रस्थान करेंगे।''

सहमति मिलने के बाद सुखदेव वहाँ से चला गया।

कुछ देर बाद वह लौटा तो उसके साथ दो युवक थे। उनमें से एक युवक ने ओवरकोट पहना हुआ था। उसके सिर पर हैट था। दूसरा युवक साँवला, गंजा और सामान्य कद-काठी का था। मैले-कुचले कपड़े पहने और हाथ में पेटी-दरी पकड़े वह युवक नौकर लग रहा था।

दुर्गा भाभी ने अजनबियों पर सरसरी नजर डाली और उन्हें अंदर ले आईं।

''भाभीजी! आपने पहचाना इन्हें?'' सुखदेव ने मुसकराते हुए कहा।

उन्होंने नजरें उठाईं और अजनबियों को गौर से देखने लगीं। सहसा ओवरकोट वाले युवक को वे पहचान गईं और हँसते हुए बोलीं, ''अरे! यह तो भगत है। जरा भी पहचान में नहीं आ रहा।''

''और यह?'' सुखदेव ने दूसरे साँवले युवक की आसेर संकेत किया।

''यह शायद...।'' उन्होंने दूसरे युवक को पहचानने की कोशिश की।

''यह रघुनाथ उर्फ राजगुरु है।'' सुखदेव ने कहा।

और फिर चारों ठहाका लगाकर हँस पड़े।

दुर्गा भाभी के मन का बोझ दूर हो गया। भगत सिंह और राजगुरु के होते हुए उन्हें किसी बात का डर नहीं था।

सुबह पाँच बजे का समय था; अभी दिन निकल रहा था। इस

धुँधले झुटपुटे में एक रोबदार साहब अपनी मेमसाहब और बच्चे के साथ प्लेटफॉर्म पर पहुँचे। दुर्गा भाभी के पुत्र शचींद्र को भगत सिंह ने गोद में उठा रखा था। दोनों में कुछ कानाफूसी हो रही थी। गरदन झुकाकर बेटे के साथ बातें करने के कारण साहब का चेहरा स्पष्ट दिखाई नहीं दे रहा था।

कलकत्ता मेल स्टेशन पर खड़ी थी। फर्स्ट क्लास में आरक्षित सीटें ढूँढ़कर साहब और उनका परिवार बैठ गए, जबकि नौकर दूसरे डिब्बे में चढ़ गया।

इस दौरान कई बार सिपाही उनके आगे से निकले, लेकिन कोई उन्हें पहचान नहीं सका। दुर्गा भाभी ने स्वयं को इस प्रकार तैयार किया था कि वे सचमुच किसी अधिकारी की पत्नी लग रही थीं।

निर्धारित समय पर कलकत्ता मेल चल दी।

इसी ट्रेन में चंद्रशेखर आजाद मथुरा के पंडे का वेश धारण करके सफर कर रहे थे। जब कलकत्ता मेल लखनऊ पहुँची तो वे राजगुरु के साथ वहीं उतर गए; भगत सिंह और दुर्गा भाभी आगे के लिए रवाना हो गए।

इस प्रकार सरकार की आँखों में धूल झोंककर वे सकुशल बच निकले।

काशी से आगरा

सांडर्स कांड के बाद पुलिस की बढ़ती सरगर्मियों के कारण क्रांतिकारियों ने दो तीन महीने तक शांत रहने का निश्चय किया था। राजगुरु यह समयावधि काशी में गुजारना चाहते थे। अतः लखनऊ उतरने के बाद वे कानपुर होते हुए काशी पहुँच गए। वहां वे सावरगांवकर के साथ रहने लगे। सावरगांवकर सांडर्स कांड में राजगुरु की भूमिका से परिचित थे। उन्होंने परामर्श दिया कि वे कुछ दिनों तक घर में ही बंद रहें, लेकिन राजगुरु भला कहाँ मानने वाले थे! डरना तो उन्होंने

सीखा ही नहीं था। समय व्यतीत करने के लिए उन्होंने व्यायामशाला का कार्य पुनः आरंभ कर दिया। उनकी व्यायामशाला पुलिस चौकी के ठीक सामने थी। वे लगभग चालीस युवकों को मल्लविद्या और लाठी चलाने का प्रशिक्षण देने लगे।

इस बीच क्रांतिकारियों ने अपना गढ़ आगरा में बना लिया था। हींग की मंडी और नाई की मंडी में दो मकान किराए पर लिये गए थे। हींग की मंडी में भगत सिंह ने बम बनाने की फैक्ट्री लगाई थी, जहाँ क्रांतिकारियों को बम बनाने का प्रशिक्षण दिया जाता था। इसके विपरीत नाई की मंडी में उनके ठहरने की व्यवस्था थी।

कुछ समय बाद वातावरण शांत हो जाने पर राजगुरु ने व्यायामशाला बंद की और आगरा पहुँचकर क्रांतिकारियों से जा मिले।

□

14

असफल अभियान

काकोरी कांड के अभियुक्त योगेशचंद्र आगरा की जेल में बंद थे। सरकार को विश्वास था कि क्रांतिकारी उन्हें छुड़वाने का प्रयास करेंगे, इसलिए गुपचुप तरीके से उन्हें आगरा से बाहर भेजने का निश्चय किया गया।

क्रांतिकारियों को इसकी भनक लग गई। 29 फरवरी की रात को दस बजे की गाड़ी से पुलिसवाले योगेशचंद्र को कानपुर ले जानेवाले थे। क्रांतिकारियों ने स्टेशन पर ही धावा बोलकर उन्हें छुड़वाने की योजना बनाई। तैयारियाँ कर ली गईं। अभियान के लिए चुने गए क्रांतिकारियों में भगत सिंह, राजगुरु, बटुकेश्वर दत्त और विजय कुमार प्रमुख थे। चंद्रशेखर आजाद ने स्वयं उनकी कमान सँभाली हुई थी, लेकिन इस बार पुलिस सतर्क थी। उसने निश्चित दिन कार्यक्रम में परिवर्तन कर दिया। दस के स्थान पर अब उन्हें सात बजे की गाड़ी से जाना था।

29 फरवरी; सर्दी की दोपहर। सूरज अपनी किरणों को समेटे हुए था, जिसके कारण वातावरण धुँधला-सा था। कक्ष में क्रांतिकारी एकत्रित थे। आज रात उन्होंने अपने अभियान को अंजाम देना था। उनके बीच मौन व्याप्त था, लेकिन बार-बार नजरें दरवाजे की ओर उठ रही थीं। अंतिम जानकारी जुटाने के लिए बटुकेश्वर बाहर गया था। वे बेसब्री से उसके लौटने की प्रतीक्षा कर रहे थे।

सहसा बटुकेश्वर तेजी से कक्ष में प्रविष्ट हुआ और लगभग

हाँफते हुए बोला, ''पंडितजी! सरकार ने चालाकी की है। योगेश दा को शाम को ही जेल से निकाला जाने वाला है।''

''लेकिन गाड़ी तो रात नौ बजे की है न?'' आजाद ने चौंककर पूछा।

''नहीं, उन्होंने समय बदल दिया है। अब नौ बजे के स्थान पर वे सात बजे की गाड़ी से जाएँगे।''

''ऐसा कैसे हो सकता है? उन्होंने इरादा क्यों बदल दिया? कहीं उन्हें हमारी योजना की भनक तो नहीं लग गई?'' आजाद ने एक साथ अनेक प्रश्न कर डाले।

''योजना की भनक उन्हें लगी हो, ऐसा संभव नहीं है। यदि ऐसा होता तो वे उन्हें ले जाने का इरादा ही छोड़ देते। अवश्य उन्होंने सावधानी के तौर पर निर्धारित समय में परिवर्तन किया है।'' राजगुरु ने अपना मत दिया।

''हाँ, ऐसा हो सकता है।'' राजगुरु की बात सुनकर आजाद निश्चिंत हो गए। तदंतर भावी योजना बनाते हुए बोले, ''मेरे विचार से किसी एक को अभी कानपुर भेज दिया जाए। वह शहर या शहर से बाहर; जहाँ कहीं मिले; सुरक्षित मकान की व्यवस्था करे। कानपुर के स्टेशन पर हम सिपाहियों पर हमला करके योगेश दा को छुड़वाएँगे। उसके बाद उसी मकान में हम कुछ दिन तक छिपे रहेंगे।''

''इसके लिए मैं राजगुरु के नाम का समर्थन करता हूँ। यह काम केवल वही कर सकता है।'' यह कहकर भगत सिंह ने राजगुरु को आगे कर दिया।

''राजगुरु साहसी और परिस्थितियों के अनुसार कार्य करना जानता है, परंतु उसकी नींद कभी भी योजना को गड़बड़ा सकती है।'' नींद के प्रति राजगुरु की दीवानगी को सोचते हुए विजय कुमार ने हलका-सा प्रतिरोध किया।

''नहीं-नहीं, इतने महत्त्वपूर्ण अभियान में मैं कैसे सो सकता हूँ? मैं सतर्क रहूँगा।'' राजगुरु उत्साह में भरकर बोले।

"राजगुरु को कानपुर और उसके आस-पास के क्षेत्रों की पर्याप्त जानकारी है, इस कार्य के लिए उससे अधिक उपयुक्त कोई और नहीं है, इसलिए यह कार्य वह ही करेगा।" आजाद ने अपना फैसला सुना दिया।

राजगुरु उसी समय कानपुर के लिए निकल गए। उनके जाने के कुछ समय बाद आजाद, भगत सिंह, विजय कुमार, बटुकेश्वर, भगवानदास, सदाशिव और शिव वर्मा भी अपने अभियान पर रवाना हो गए।

कानपुर प्लेटफॉर्म पर उन्हें राजगुरु मिल गए। उन्होंने जैसे-तैसे एक मकान की व्यवस्था कर ली थी।

थोड़ी देर में पुलिस योगेशचंद्र को लेकर स्टेशन पर पहुँचने वाली थी। अंततः योजना के अनुरूप सबने अपनी-अपनी पोजीशन ले ली। भगवानदास और सदाशिव ने हथकड़ी काटने के औजार सँभाले हुए थे। आजाद ने राजगुरु को बुलाकर कहा, "तुम एक टैक्सी ले आओ और स्टेशन के बाहर दाहिनी ओर हमारी प्रतीक्षा करो। योगेश दा को छुड़वाकर हम वहीं आएँगे। तुम तैयार रहना।"

यह कहकर उन्होंने पैसे देने के लिए जैसे ही जेब में हाथ डाला, सहसा उनके मुख से हलकी-सी चीख निकल गई, "मेरा बटुआ कहाँ गया?"

"कहीं गिर गया है?" राजगुरु उत्तेजित होकर पूछा।

"लगता है, भीड़ का लाभ उठाकर किसी ने मेरी जेब काट ली है।"

"उसमें आपका ड्राइविंग लाइसेंस भी होगा। उसके बिना टैक्सी लेकर भागना मुश्किल है। ऐसे हम पकड़े जाएँगे। यह ऐन वक्त पर धोखा हो गया।" भगत सिंह ने उदास होकर कहा।

इससे पहले कि वे कुछ सोचते, सामने से उन्हें बेड़ियों में जकड़े योगेशचन्द्र आते दिखाई दिए। सशस्त्र सिपाहियों ने उन्हें घेरा हुआ था। जब वे आजाद के निकट से निकले तो उनके मुख पर मुसकान

खिल उठी, लेकिन उनकी मुसकान का किसी के पास कोई जवाब नहीं था। यह देखकर राजगुरु की मुट्ठियाँ कस गईं। आवेश में आकर वे आगे बढ़े ही थे कि आजाद ने उन्हें पीछे खींच लिया। राजगुरु ने जैसे-तैसे स्वयं को सँभाला और आँखों से ही कहा, "योगेश दा! मैं आपकी बेड़ियों को अपने हाथों से तोड़ सकता हूँ, लेकिन एक छोटी-सी लापरवाही से सारी योजना धराशायी हो गई। हम फिर अवसर की प्रतीक्षा करेंगे और आपको छुड़वाने का प्रयास करेंगे।"

योगेशचंद्र ने उनकी आँखों की भाषा पढ़ ली। उन्होंने आँखों से ही प्रत्युत्तर देते हुए उन्हें धीरज बँधाया और आगे बढ़ गए। देखते-ही-देखते सिपाहियों के साथ वे दूर भीड़ में अदृश्य हो गए।

एकाएक राजगुरु का क्षोभ फूट पड़ा, "पंडितजी! आपने मुझे क्यों रोका? मैं अकेला ही योगेश दा को छुड़वा लेता। वे कितनी उम्मीद से हमें देख रहे थे; उनके चेहरे पर कितनी प्रसन्नता थी। यदि आप दल के नेता न होते तो मैं आपका आदेश तोड़कर जान की बाजी लगा देता।"

आजाद उन्हें समझाते हुए बोले, "मैं तुम्हारे दुःख को समझता हूँ। योगेश दा को मैं भी छुड़वाना चाहता था। यदि मैं अकेला होता तो ऐसा करने से बिलकुल पीछे नहीं हटता। लेकिन तुम सब मेरे साथ थे और नेता की अपेक्षा बड़ा भाई होने की हैसियत से तुम सबकी जिम्मेदारी मुझ पर थी। यदि हम हमला कर देते तो निश्चित रूप से हमारे दो-तीन साथी गोलियों का निशाना बन जाते, इसलिए मैंने तुम्हें रोका था।"

राजगुरु बात समझ गए। अभियान असफल हो चुका था। अतः रात की गाड़ी पकड़कर वे आगरा लौट गए।

□

15

शहादत का जुनून

देशभर में आंदोलन हो रहे थे; दिन-प्रतिदिन सरकार-विरोधी विचारधाराओं का प्रसार हो रहा था। इन आंदोलनों के चलते जहाँ सरकार को जनता के विरोध का सामना करना पड़ता था, वहीं दूसरी ओर सरकारी कार्यालयों एवं अंग्रेजों के घरों में कार्य करने वाले श्रमिक देशभक्ति से प्रेरित होकर कभी भी हड़ताल करके सरकारी व्यवस्था को पंगु बना देते थे। इसके फलस्वरूप सरकार की स्थिति कमजोर होती जा रही थी। देशभक्तों के आंदोलन और हड़ताल पर अंकुश लगाने के लिए सरकार ने 'जन-सुरक्षा बिल' व 'औद्योगिक विवाद बिल' पारित करने का निर्णय लिया गया। 'जन-सुरक्षा बिल' के अंतर्गत सरकार आंदोलनों को कुचल देना चाहती थी, वहीं 'औद्योगिक विवाद बिल' श्रमिकों को हड़ताल के अधिकार से वंचित करने का अस्त्र था। वस्तुतः देश की जनता को बिलकुल पंगु कर देने के लिए ही इन बिलों को बनाया गया था।

भगत सिंह जैसे जागरुक युवक सरकार की कूटनीति को समझ गए थे। बिल केंद्रीय असेंबली में प्रस्तुत किए जाने थे। उन्हें विश्वास था कि असेंबली के कांग्रेसी नेता इन बिलों को पास नहीं होने देंगे, लेकिन उन्हें वायसराय की 'वीटो पावर' का भी ज्ञान था, जिसके अंतर्गत विशेषाधिकार का प्रयोग करते हुए वह बिलों को पास कर सकता था।

आनन-फानन में बैठक बुलाई गई। इसमें चंद्रशेखर आजाद, राजगुरु, भगत सिंह, सुखदेव, बटुकेश्वर, विजय कुमार तथा जयदेव सम्मिलित हुए। भगत सिंह ने सुझाव दिया कि विशेषाधिकार का प्रयोग करते हुए जब वायसराय बिल पास करने की घोषणा करेगा, उसी समय असेंबली में बम फेंककर क्रांतिकारी विरोध प्रदर्शित करेंगे। इससे जन-साधारण के मन में जागृति पैदा होगी।

"क्या आप इस बात से सहमत हैं?" चंद्रशेखर आजाद ने अन्य साथियों से पूछा। सभी ने सुझाव की सराहना की।

"बम फेंकने की बात निश्चित हो गई है। अब दो नाम चुनने हैं, जो यह कार्य करेंगे।" आजाद ने गंभीर स्वर में कहा।

एक नाम के लिए भगत सिंह ने स्वयं को प्रस्तुत किया। दूसरे नाम के लिए राजगुरु, विजय कुमार सिन्हा, जयदेव और बटुकेश्वर के नामों पर विचार करने के बाद बटुकेश्वर को चुन लिया गया।

चुने गए सदस्यों में राजगुरु नहीं थे। इससे वे आहत हो गए और पंडितजी से बोले, "मेरे विचार में भगत सिंह को इस काम के लिए न भेजा जाए। उन्हें हिंदुस्तान समाजवादी प्रजातांत्रिक संघ के संगठन और प्रचार-कार्य के लिए सुरक्षित रखना दल के हित की दृष्टि से जरूरी है। उनके पकड़े जाने से हमें बहुत नुकसान होगा। उनके स्थान पर मैं यह कार्य करूँगा।"

पंडितजी उन्हें समझाते हुए बोले, "राजगुरु! हम तुम्हें भगत सिंह के स्थान पर नहीं भेज सकते। तुम वहाँ अंग्रेजी में वक्तव्य नहीं दे पाओगे।"

"क्या वक्तव्य अंग्रेजी में देना जरूरी है? यदि ऐसा आवश्यक है तो आप मुझे वक्तव्य लिखकर दे देना। मैं उसे अच्छी तरह से रट लूँगा। विश्वास कीजिए, कहीं भी एक शब्द की चूक नहीं होगी। जब लघु सिद्धांत कौमुदी रट सकता हूँ तो अंग्रेजी के दो-चार

पन्ने रटना मेरे लिए कोई बड़ी बात नहीं है।''

''ऐसा संभव नहीं है। यह कार्य भगत सिंह को ही करना होगा। हाँ, यदि वह चाहे तो बटुकेश्वर के स्थान पर तुम्हें साथ ले जा सकता है।'' पंडितजी ने सारी बात भगत सिंह पर डाल दी।

राजगुरु भगत सिंह की ओर पलटे और विनती भरे स्वर में बोले, ''रंग-रूप, शिक्षा, जीवन के उतार-चढ़ाव–हर बात में मैं तुमसे पीछे रहा हूँ, लेकिन शहादत के इस अवसर पर मुझे अपने साथ ले लो। मेरी केवल एक ही इच्छा है कि देश के लिए अपने प्राण लुटा दूँ। शायद इससे मेरा जीवन सफल हो जाए। मुझे इससे वंचित मत करो।''

'कितना निश्छल और बलिदानी है यह राजगुरु!'–भगत सिंह की आँखों में आँसू उमड़ आएँ, फिर स्वयं को सँभालते हुए बोले, ''शहादत के लिए तुम्हारे इस जुनून का मैं सम्मान करता हूँ, लेकिन इस समय भावनाओं से नहीं, बल्कि दिमाग से काम लेना जरूरी है। मैं अपना और तुम्हारा बलिदान एक साथ नहीं कर सकता। असेंबली में बम फेंकने के बाद मुझे जब दंड मिलेगा, तब मैं यह सोचकर निश्ंचित रहूँगा कि भारतमाता के पास तुम्हारे रूप में एक और बलिदानी पुत्र है। मुझे विश्वास है कि एक दिन तुम्हें भी देश के लिए बलिदान होने का अवसर अवश्य मिलेगा।''

राजगुरु दु:खी चेहरे पर मुसकराहट लाते हुए बोले, ''ठीक है! मैं हठ छोड़ देता हूँ, लेकिन गाद रखना कि गैं तुग्हें आकेले इस दुनिया से नहीं जाने दूँगा। तुम्हारी शहादत के साथ मेरा नाम भी जुड़ा होगा।''

असेंबली में बम

8 अप्रैल, 1929 को असेंबली में 'जन-सुरक्षा बिल' और

'औद्योगिक विवाद बिल' पारित होने वाले थे। इन बिलों को पारित करने का अर्थ गुलामी की बेड़ियों में जकड़े भारतीय समाज को एक और बेड़ी में जकड़ना था।

असेंबली की कार्यवाही आरंभ हुई। नीचे प्रश्नोत्तरों की झड़ी लगी हुई थी, जबकि ऊपर दर्शक-दीर्घा में बैठे हुए भगत सिंह और बटुकेश्वर उचित अवसर की प्रतीक्षा कर रहे थे। सहसा सर जॉन शूस्टर खड़े हुए। बटुकेश्वर ने जयदेव की ओर देखा। वह संकेत समझ गया और उनके प्रवेश पत्रों को लेकर चुपचाप वहाँ से बाहर चला गया।

सर जॉन शूस्टर घोषणा करते हुए बोले, "विशेषाधिकार का प्रयोग करते हुए वायसराय ने आज 'जन-सुरक्षा बिल' और 'औद्योगिक विवाद बिल' पास किए हैं। ये बिल तत्काल अमल में आ जाएँगे और…।"

बात अभी पूरी भी नहीं हुई थी कि प्रचंड धमाके से पूरी असेंबली गूँज उठी। बम सामने की दीवार से टकराया था।

अप्रत्याशित विस्फोट से सभाभवन पलभर के लिए सन्न रह गया, तभी उस निःस्तब्ध स्थिति के बीच दूसरा बम फेंका गया। उसके धमाके के साथ ही चारों ओर भगदड़ मच गई। नेताओं एवं अंग्रेज अधिकारियों के साथ-साथ पुलिस के सिपाही भी बाहर की ओर भागे।

भागते-दौड़ते लोगों को एक ही गर्जन सुनाई दे रहा था, "इंकलाब…जिंदाबाद! वंदेमातरम्!" कुछ ही देर में सभाभवन खाली हो गया।

बहुत देर बाद सिपाहियों का दल डरते-डरते कक्ष में आया, परंतु आगे बढ़ने का साहस किसी में नहीं था। उनके भय को देखकर भगत सिंह और बटुकेश्वर ने अपना-अपना रिवॉल्वर सामने

मेज पर रख दिया। जेब में रखी गोलियाँ भी निकाल दीं। भगत सिंह ने अपने हाथ आगे बढ़ाते हुए स्वयं को बंदी बनाने का संकेत किया।

भगत सिंह और बटुकेश्वर दत्त के चेहरों पर आत्मसमर्पण का अनोखा आनंद झलक रहा था। उनकी आँखों में चमक और आवाज़ में दृढ़ता थी।

थोड़ी देर बाद कैदियों को लेकर पुलिस कोतवाली की ओर चल दी।

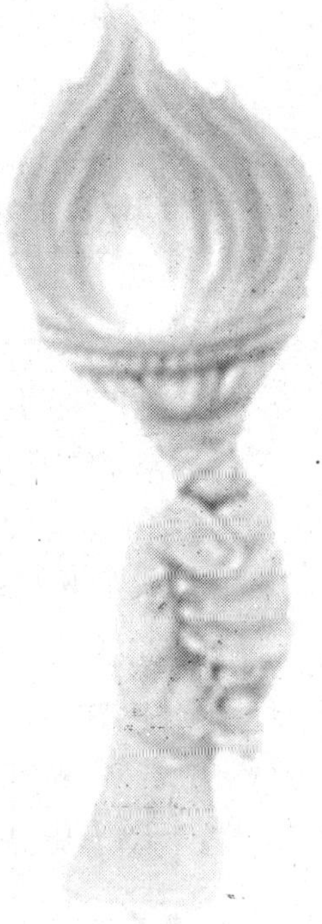

16

पीठ में छुरा

क्रांतिकारियों की धरपकड़ में जयगोपाल और हंसराज वोहरा पुलिस के हाथ लग गए। सजा के भय और इनाम के लोभ में उन्होंने सबकुछ उगल दिया। पुलिस को दिए गए बयान में उन्होंने कहा कि सांडर्स हत्या में भगत सिंह और चंद्रशेखर आजाद के साथ राजगुरु भी सम्मिलित थे। उन्होंने यहाँ तक कहा कि यदि वे काशी में नहीं मिले तो उन्हें पूना से पकड़ा जा सकता है। इस तरह अब तक राजगुरु के बारे में अनभिज्ञ ब्रिटिश सरकार उनके बारे में जान चुकी थी। तदंतर गुप्तचर विभाग ने शरद केसकर नामक एक व्यक्ति को पूना भेजा। उसका कार्य राजगुरु की गतिविधियों पर नजर रखना था। धीरे-धीरे उसने उनके साथ मित्रता गाँठ ली। देशप्रेम की क्रांतिकारी बातें करते हुए वह स्वयं को सच्चा देशभक्त बताता था। अपना महत्त्व बताते हुए उसने कहा कि आवश्यकता पड़ने पर वह पिस्तौल के पुर्जे बना सकता है। उसकी धूर्तता के जाल में फँसक़र राजगुरु ने अपने कारनामों और भावी योजनाओं का खुलासा कर दिया। उन्हें तनिक भी आभास नहीं था कि इससे भविष्य में कितने बड़े संकट का सामना करना पड़ेगा। केसकर निरंतर सरकार को उनकी सूचना भेज रहा था।

इसी बीच राजगुरु ने बंबई के गवर्नर लेडरिक्स साइक्स को मारने की योजना बनाई। इसकी जानकारी उन्होंने आजाद को भेजी। उन्होंने न केवल स्वीकृति दी वरन् भगवानदास और सदाशिव के

हाथों दो पिस्तौल, कुछ कारतूस, बम और बम बनाने की सामग्री पूना भिजवाई, परंतु भुसावल स्टेशन पर दोनों क्रांतिकारी पकड़े गए और सारी विस्फोटक सामग्री पुलिस द्वारा जब्त कर ली गई। अब राजगुरु अलग-थलग पड़ गए थे, लेकिन पीछे हटने के बारे में उन्होंने कभी नहीं सोचा। वे अपने निर्णय पर अडिग थे और अकेले ही लेडरिक्स को उड़ाने का मन बना चुके थे।

एक दिन उन्हें सूचना मिली कि पूना की एक सभा में लेडरिक्स आमंत्रित है। उन्होंने पिस्तौल सँभाली और सभास्थल पर जा पहुँचे, लेकिन कड़ी सुरक्षा-व्यवस्था के कारण वे सभास्थल में प्रविष्ट नहीं हो सके। गवर्नर को मारने का अवसर हाथ से निकलते देखकर वे हताश होकर लौट गए, परंतु वे इस बात से अनभिज्ञ थे कि वहाँ कुछ लोग उन पर नजर रखे हुए हैं। केसकर राजगुरु की योजना के विषय में जानता था। उसने गुप्तचर विभाग के वरिष्ठ अधिकारी कवठालकर को इसकी सूचना पहले ही दे दी। वह सभा में जयगोपाल को बुर्का पहनाकर लाया था, जिसने राजगुरु की शिनाख्त की। पुलिस के लिए उन्हें वहीं गिरफ्तार करना मुश्किल था। भीड़ का लाभ उठाकर वे बच सकते थे, इसलिए कवठालकर ने उन्हें उनके साथियों के साथ उन्हीं के घर में पकड़ने का निश्चय किया।

सिंह का शिकार

29 सितंबर, 1929 को पूना के एक सिनेमाघर में क्रांतिकारी यतींद्रनाथ दास की अंतिम शवयात्रा की डॉक्यूमेंटरी दिखाई जा रही थी। सभा से लौटने के बाद राजगुरु सावरगांवकर को साथ लेकर डॉक्यूमेंटरी देखने चले गए। शाम को 6 बजे दोनों घर लौटे। उनका मन बहुत उदास था। साथियों के साथ बिताए गए दिन रह-रहकर याद आ रहे थे। मन हलका करने के लिए वे दिनकर के घर चले

गए और वहाँ से भोजन करके रात को आठ बजे लौटे। तदंतर राजगुरु और सावरगांवकर के बीच बातों का सिलसिला आरंभ हो गया। वे भावी योजनाओं की रूपरेखा बनाने में जुटे हुए थे।

बाहर कहीं घड़ी की दो बार टन-टन हुई।

"दो बज गए! समय का पता ही नहीं चला।" सावरगांवकर ने अँगड़ाई लेते हुए कहा।

"जानते हो, पहले मुझे बहुत नींद आया करती थी, लेकिन पिछले कई दिनों से नींद बिलकुल खत्म हो गई है। सोच-विचार में सारी रात बीत जाती है। जाओ, तुम अब सो जाओ। बाकी बातें हम कल करेंगे।" यह कहकर राजगुरु बिस्तर पर जाकर लेट गए।

कई रातों से ठीक से न सोने तथा दिनभर मानसिक चिंताओं में उलझे रहने के कारण बिस्तर पर लेटते ही राजगुरु गहरी नींद में सो गए। सावरगांवकर ने भी चादर ओढ़ ली, लेकिन आज उनकी किस्मत में नींद नहीं थी। सुबह साढ़े तीन बजे दरवाजे पर हलकी-सी दस्तक हुई। कोई प्रत्युत्तर न मिलता देख दूसरी बार आगंतुक ने जोर से दरवाजा खटखटाया।

इस बार सावरगांवकर की नींद टूट गई। उन्होंने बिस्तर पर लेटे-लेटे ही पूछा, "कौन है?"

"मैं हूँ।" बाहर से दबी आवाज आई।

"मैं कौन? अपना परिचय दो।" सावरगांवकर झुँझलाकर बोले।

"आप दरवाजा तो खोलिए, फिर मैं अपना परिचय दूँगा। मेरे पास 'एम' के लिए बहुत जरूरी खबर है।"

आवाज जानी-पहचानी नहीं थी, लेकिन 'एम' कोड सुनकर सावरगांवकर इतना अवश्य समझ गए कि कोई अपना आदमी है। वे उठकर दरवाजे तक गए और हलके-से कुंडी खोलकर अधखुले दरवाजे से आगंतुक को देखने लगे, तभी बाहर से जोरदार धक्का लगा। भड़ाक से दरवाजा खुला और सिपाही अंदर घुस आए।

उन्होंने फुरती दिखाते हुए सावरगांवकर को बेड़ियों में जकड़ लिया। वे चकित रह गए।

पुलिस अंदर घुस आई थी। इंस्पेक्टर मिल ने राजगुरु के सिरहाने रखा हुआ रिवॉल्वर जेब में डालकर सिपाहियों को संकेत किया। उन्होंने तुरंत उनके हाथ-पैर कसकर पकड़ लिए।

हमले से राजगुरु जाग उठे। पुलिस को सामने देखकर सारा माजरा समझने में उन्हें देर न लगी। उन्होंने झटका देखकर हाथ छुड़वाया और तेजी से रिवॉल्वर की ओर झपटे।

''तुम्हारा रिवॉल्वर मेरे पास है। ज्यादा होशियारी मत दिखाओ और चुपचाप हमारे साथ चलो, अन्यथा व्यर्थ में मारे जाओगे।'' इंस्पेक्टर के चेहरे पर कुटिलता नृत्य कर उठी।

राजगुरु के हाथ-पैर बँधे हुए थे, लेकिन साहस उन्मुक्त था। वे गर्जन करते हुए बोल उठे, ''इंकलाब···जिंदाबाद! वंदेमातरम्!''

अब तक हतप्रभ खड़े सावरगांवकर को होश आया और वे भी उनके स्वर में स्वर मिलाते हुए जयघोष कर उठे।

अगले दिन दिनकर तथा करंदीकर के घर छापे मारकर राजगुरु के विरुद्ध आवश्यक साक्ष्य जुटाए गए। इसके बाद शिनाख्त करवाकर उन्हें लाहौर लाया गया।

□

17

इंकलाब...जिंदाबाद

"इंकलाब!" मित्रों को देखते ही राजगुरु ने उच्च स्वर में उद्घोष किया।

"जिंदाबाद!" उतनी ही बुलंद आवाज के साथ साथियों ने प्रत्युत्तर दिया।

देशभक्ति के नारों से अदालत का कोना-कोना गूँज उठा। राजगुरु एक-एक कर सभी साथियों से गले मिले। प्रेम के आवेग के कारण उनकी आँखों में आँसू थे। भगत सिंह ने राजगुरु को बाँहों में भर लिया और हँसी-मजाक करने लगे।

क्रांतिकारियों के बीच स्नेह-स्निग्धता देखकर न्यायाधीश विचलित हो गए, लेकिन कुछ करने में असमर्थ थे। यह दृश्य प्रतिदिन घटित होता था। क्रांतिकारी सिंह की भाँति अदालत में प्रवेश करते थे और न्यायाधीश के पदासीन होते ही 'इंकलाब जिंदाबाद! साम्राज्यवादी मुर्दाबाद!' के नारों से वातावरण को गुंजायमान कर देते थे। आज इसका कारण राजगुरु थे। क्रांति की गर्जना के साथ उन्होंने चारों ओर बलिदान का रंग उछाल दिया। उसमें रँगकर अदालत के बाहर खड़े युवक आवेश में भरकर 'वंदेमातरम्' के नारे लगाने लगे।

लाहौर षड्यंत्र में चौबीस लोगों को अभियुक्त बनाया गया था। उनमें से तेरह क्रांतिकारी—भगत सिंह, बटुकेश्वर दत्त, सुखदेव, राजगुरु, शिव वर्मा, कमलनाथ तिवारी, किशोरीलाल, गयाप्रसाद, सुरेंद्र पांडे, अजय घोष, कुंदनलाल, देशराज और प्रेमदत्त—पकड़

लिये गए थे, जबकि छह क्रांतिकारी–चंद्रशेखर आजाद, सतगुरु दयाल, भगवानदास, कैलाशपति, भगवतीचरण वोहरा और यशपाल फरार थे। शेष पाँच लोग दंड-भय तथा व्यक्तिगत स्वार्थ एवं कमज़ोरियों के कारण सरकारी गवाह बन गए थे। इनमें फणींद्रनाथ घोष, जयगोपाल, मनमोहन बैनर्जी, हंसराज वोहरा तथा ललितकुमार मुखर्जी सम्मिलित थे। मित्र ही शत्रु बनकर सामने के कटघरे में खड़े थे और एक-एक कर सभी राज उगल रहे थे।

सर्वप्रथम फणींद्रनाथ ने गवाही दी। कभी वह क्रांतिकारियों का आदरणीय 'दादा' था; हिंदुस्तान समाजवादी प्रजातांत्रिक संघ का महत्त्वपूर्ण स्तंभ था, लेकिन लोभ के जाल में फँसकर वही अपने साथियों को सजा दिलवाने के लिए उद्यत था। उसकी गवाही समाप्त हुई तो दूसरा गवाह कठघरे में लाया गया।

जयगोपाल–दल का सबसे महत्त्वपूर्ण सदस्य; आजाद और भगत सिंह के निकटतम सहयोगियों में से एक। सांडर्स कांड में उसकी भूमिका अविस्मरणीय थी, लेकिन आज अपने साथियों को मौत के मुँह में धकेलने का काम कर रहा था। फणींद्र कमजोर था, इसलिए मुखबिर बना, लेकिन मन-ही-मन वह स्वयं को अपराधी मान रहा था। इसके विपरीत जयगोपाल को अपनी करनी का कोई पछतावा नहीं था। वह कठघरे में ऐसे खड़ा था मानो कोई वीरता का कार्य कर रहा हो।

इससे पहले कि वह कुछ बोलता, अभियुक्त एक स्वर में चिल्लाए, ''थू है तुम्हारी जिंदगी पर!''

अभियुक्तों में प्रेमदत्त सबसे छोटा था। वह अपने क्रोध को रोक नहीं सका। उसने आव देखा न ताव, जूता उतारकर जयगोपाल के मुँह पर दे मारा।

राजगुरु चिल्लाते हुए बोले, ''शाबाश प्रेमदत्त! इस आस्तीन के साँप का यही इनाम है। तुमने गर्व से हमारा सीना चौड़ा कर दिया।''

इसके बाद सभी अभियुक्त एक सुर में गाने लगे :

"सरफरोशी की तमन्ना अब हमारे दिल में है।
देखना है जोर कितना बाजु-ए-कातिल में है।
वक्त आने दे बता देंगे तुझे ऐ आसमाँ,
हम अभी से क्या बताएँ क्या हमारे दिल में है।
ऐ शहीदे-मुल्को-मिल्लत, मैं तेरे ऊपर निसार,
अब तेरी हिम्मत की चर्चा गैर की महफिल में है।
सरफरोशी की तमन्ना अब हमारे दिल में है।"

अदालत में देशभक्ति का तराना गूँज रहा था; लोग अवाक् थे।

सबसे पहले मजिस्ट्रेट महोदय को होश आया। उन्होंने आदेश दिया, "इनके हाथों में हथकड़ियाँ पहना दो।"

सिपाही आगे बढ़े, परंतु अभियुक्तों ने हथकड़ियाँ पहनने से इनकार कर दिया। देखते-ही-देखते अदालत में हंगामा मच गया। अंततः कार्यवाही स्थगित करनी पड़ी।

दूसरे दिन अभियुक्तों ने स्पष्ट कह दिया कि वे हथकड़ियाँ डालकर अदालत में नहीं जाएँगे। पुलिस अधीक्षक क्रोधित हो उठा। उसके आदेश पर सिपाही लाठियाँ लेकर उन पर टूट पड़े, लेकिन सारे हथकंडे आजमाने के बाद भी वे उन्हें टस-से-मस न कर सके। इस तरह उस दिन भी अदालत स्थगित करनी पड़ी।

आखिरकार तीसरे दिन पुलिस अधीक्षक ने उनके समक्ष प्रस्ताव रखा, "आप लोग जेल तक हथकड़ियाँ डलवा लें। वहाँ पहुँचने पर हम हथकड़ियाँ खोल देंगे।"

"ठीक है, लेकिन अदालत में जाने के बाद हथकड़ियाँ खोल दी जाएँगी, इस बात का आप वचन दीजिए।"

"मैं वचन देता हूँ कि जैसा कहा है, वैसा ही होगा।"

उस दिन अभियुक्त हथकड़ियाँ पहनकर अदालत पहुँचे। नियम के अनुसार राष्ट्रगान के बाद क्रांतिकारियों ने नारे लगाए। कार्यवाही

आरंभ होने से पूर्व भगत सिंह ने पुलिस अधीक्षक को हथकड़ी खोलने का संकेत किया, लेकिन उसने दूर से इशारा करते हुए कहा कि 'मस्जिट्रेट से अभी आदेश नहीं मिला है।'

भगत सिंह और राजगुरु उसकी धूर्तता जानकर भी मुसकराते रहे। अदालत की कार्यवाही बिना रुकावट के निरंतर चलती रही। दोपहर को भोजन के समय कैदियों की हथकड़ियाँ खोली गईं। भोजन के बाद जब सिपाहियों ने हथकड़ियाँ आगे बढ़ाईं तो अभियुक्तों ने अपने हाथों को पीछे कर लिया। यह देखकर मस्जिट्रेट लाल-पीला होकर चिल्लाया, "एक-एक की हड्डी-पसली तोड़ दो! खाल उधेड़ दो इनको!"

सिपाही क्रांतिकारियों पर टूट पड़े। सबसे अधिक मार राजगुरु और भगत सिंह को पड़ी थी। उन्हें जेल में भी बुरी तरह से पीटा गया। उसी शाम लाहौर में आयोजित एक सार्वजनिक सभा में पुलिस के इस कार्य की निंदा की गई। अगले दिन समाचार पत्रों ने इसे अपनी मुख्य खबर बनाया। माहौल गरमाते देखकर मस्जिट्रेट को हथकड़ी वाला आदेश वापस लेना पड़ा। इस घटना के बाद से अभियुक्तों को हथकड़ियों के बिना अदालत में लाया जाने लगा।

अन्याय अथवा अनाचार के समक्ष झुकना राजगुरु को कभी स्वीकार्य नहीं था। इसके लिए वे मरने-मारने के लिए तैयार हो जाते थे। यही कारण है कि उन्होंने अनेक बार पुलिस की जमकर मार खाई थी। एक बार जेल के गेट पर कहासुनी होने पर सिपाहियों ने उन्हें बेरहमी से पीटा था। इसके फलस्वरूप राजगुरु बेहोश हो गए थे, लेकिन इतना अमानवीय व्यवहार झेलने के बाद भी वे अडिग थे।

□

18

आमरण अनशन

क्रांतिकारियों पर मानसिक दबाव के लिए उन्हें जेल में मूलभूत सुविधाओं से वंचित रखा जाता था। उनके न केवल भोजन का स्तर निम्न था वरन् रहने के स्थान पर साफ-सफाई का भी अभाव था। अत: जेल सुधार संबंधी माँगों को लेकर भगत सिंह ने अनिश्चित काल के लिए भूख हड़ताल की घोषणा कर दी। इसके अंतर्गत उन्होंने निम्नलिखित सुधारों को लागू करने की माँग की थी–

- राजनीतिक कैदी होने के कारण हमें अच्छा भोजन दिया जाना चाहिए। इस भोजन का स्तर यूरोपियन कैदियों के समान होना चाहिए। हम उसी खुराक की माँग नहीं करते, लेकिन स्तर वही होना चाहिए।
- श्रम के नाम पर हमें जेलों में अपमानजनक काम करने के लिए मजबूर नहीं किया जाना चाहिए।
- बिना रोक-टोक के स्वीकृत पुस्तकें एवं लिखने का सामान लेने की सुविधा मिलनी चाहिए।
- प्रत्येक कैदी को कम-से-कम एक दैनिक समाचार पत्र अवश्य मिलना चाहिए।
- प्रत्येक जेल में राजनीतिक कैदियों का एक विशेष वार्ड होना चाहिए, जिसमें उन सभी आवश्यकताओं की पूर्ति की सुविधा होनी चाहिए, जो यूरोपियनों के लिए होती है। एक जेल में

रहने वाले सभी राजनीतिक कैदी एक वार्ड में इकट्ठे रहने चाहिए।

- स्नान की सुविधा मिलनी चाहिए।
- साफ एवं स्वच्छ कपड़े मिलने चाहिएँ।
- यू.पी. जेल-सुधार कमेटी में श्री जगतनारायण और खान बहादुर हाफिज हिदायत हुसैन की यह सिफारिश कि 'राजनीतिक कैदियों के साथ अच्छी श्रेणी के कैदियों जैसा व्यवहार होना चाहिए' हम पर भी लागू होनी चाहिए।

भगत सिंह द्वारा प्रस्तुत जेल-सुधार संबंधी तथ्य अकाट्य एवं तर्कसंगत थे, लेकिन सरकार ने उन्हें अस्वीकार कर दिया। बाद में अनशनकारियों की बिगड़ती दशा देखकर सरकार ने माँगों को लागू करने का आश्वासन दिया। अंततः 5 अक्तूबर, 1929 को हड़ताल समाप्त कर दी गई।

कूटनीतिज्ञ सरकार की यह हड़ताल समाप्त करवाने की एक चाल थी। उसने छोटी-मोटी माँगें स्वीकार कर शेष को मानने से इनकार कर दिया। कैदियों ने अच्छे व्यवहार, बेहतर सुविधाओं और स्तरीय भोजन के आधार पर हड़ताल वापस ली थी, लेकिन सरकार इन विषयों पर अपने वायदे से पीछे हट गई। अतः भगत सिंह ने पुनः भूख हड़ताल आरंभ कर दी।

भगत सिंह और बटुकेश्वर सेंट्रल जेल में थे, जबकि राजगुरु को बोर्स्टल जेल में रखा गया था। पहली बार भूख हड़ताल के समय राजगुरु जेल में नहीं थे, लेकिन दूसरी बार वे भगत सिंह के साथ कंधे-से-कंधा मिलाकर तैयार थे। भूख हड़ताल का समाचार पाकर वे भी आमरण अनशन पर बैठ गए।

काल के मुख में

तेरह दिन बीत चुके थे। हड़ताल पर बैठे राजगुरु का स्वास्थ्य

दिन-प्रतिदिन गिरता जा रहा था; भूख की अधिकता से हड्डियाँ दिखाई देने लगी थीं; शरीर इतना कमजोर हो गया था कि उनमें बैठने तक की ताकत नहीं थी। इतना कुछ होने के बाद भी उनके इरादे दृढ़ थे; वे चट्टान की तरह अपने निश्चय पर अडिग थे; पीछे हटना तो उन्होंने सीखा ही नहीं था। सरकार की परेशानियाँ बढ़ती जा रही थीं। माँगें मनवाने के लिए राजगुरु जिद पर अड़े हुए थे; उनकी बिगड़ती हालत को देखकर देशभर में आंदोलन होने लगे। अनेक प्रसिद्ध नेता उनके समर्थन में उतर आए थे। सरकार पर निरंतर दबाव बढ़ रहा था, जिसके फलस्वरूप राजगुरु का अनशन तोड़ना जरूरी हो गया। अंततः कुछ अनशनकारियों के साथ राजगुरु को अस्पताल ले जाया गया और उन्हें जबरदस्ती दूध पिलाने की कोशिश की गई, परंतु जल्दबाजी में डॉक्टरों ने रबड़ की नली पेट में डालने के बजाय फेफड़ों में डाल दी और दूध उड़ेल दिया। फेफड़े जकड़े जाने से राजगुरु को निमोनिया हो गया। ऐसी स्थिति में भी उन्होंने हिम्मत नहीं छोड़ी। आजादी के इस मतवाले का अनशन तोड़ना इतना सरल नहीं था, जितना सरकार ने कल्पना की थी।

लाहौर से प्रकाशित होने वाले 'द ट्रिब्यून' ने अपने अंक में उनकी बिगड़ती हालत के बारे में लिखा था, "सब बंदियों में राजगुरु की हालत सबसे अधिक खराब है। वे मृत्युशैया पर हैं। उनके फेफड़े संक्रमित हो चुके हैं; शरीर कंकाल बनकर रह गया है। उन्हें तेज बुखार है और वे बिस्तर से हिलने-डुलने में भी असमर्थ हैं।"

हालत अधिक बिगड़ी तो भगत सिंह ने उन्हें अनशन समाप्त करने के लिए संदेश भिजवाया। इसमें उन्होंने कहा था, "आपके समर्थन से हमें बहुत बल मिला है, परंतु अब आप अनशन समाप्त कर दें और सत्याग्रह की लड़ाई आखिरी दम तक लड़ने की जिम्मेदारी मुझ पर और बटुकेश्वर पर छोड़ दें।"

'भगत सिंह और बटुकेश्वर अकेले लड़ाई लड़ें' यह बात राजगुरु जैसे सच्चे देशभक्त को स्वीकार नहीं थी। यद्यपि उनका स्वास्थ्य तेजी से खराब हो रहा था, तथापि उन्होंने अपने प्रण पर दृढ़ रहते हुए अनशन समाप्त करने से इनकार कर दिया।

पुरानी याद

'राजगुरु का क्या होगा?' यह सोचते हुए भगत सिंह चहलकदमी कर रहे थे। वे बहुत बेचैन थे; मन में तूफान मचा हुआ था। राजगुरु उनका घनिष्ठ मित्र था तो शहादत के रास्ते में उनके साथ होड़ करनेवाला सबसे बड़ा प्रतिद्वंद्वी भी था।

वे उनके पास जाना चाहते थे, लेकिन यह संभव नहीं था। असेंबली में बम फेंकने के आरोप में बटुकेश्वर और उन्हें कालेपानी की सजा दी गई थी। इसलिए उन्हें अन्य साथियों से अलग सेंट्रल जेल में रखा गया था। सिर्फ रविवार के दिन उन्हें बोर्स्टल जेल में ले जाया जाता था।

भगत सिंह गहरी सोच में डूबे हुए थे कि किसी ने बाहर से पुकारा, ''सरदारजी! आपको और दत्तजी को बोर्स्टल जेल में बुलाया गया है।''

''क्यों? हमारा साथी...।'' भगत सिंह ने चौंककर पूछा।

''उनकी हालत बहुत खराब है। आपको उन मराठा साथी से मिलने के लिए ही बुलाया गया है।''

''राजगुरु की हालत बहुत खराब है!'' हतप्रभ भगत सिंह उसी समय जाने के लिए तैयार हो गए।

पुलिस की गाड़ी में बैठकर भगत सिंह और बटुकेश्वर बोर्स्टल जेल के लिए चल दिए। उनके मन में एक ही विचार था—'राजगुरु'।

रास्ते में एक ताँगे को देखकर भगत सिंह ने ठंडी आह भरी और बटुकेश्वर से बोले, ''हमारे राजगुरु के समान शायद ही कोई

और होगा। दिल का सच्चा, मन का निर्भय; लेकिन स्वभाव से बिलकुल छोटे मासूम बच्चे जैसा। हर बात में मुझसे होड़ करता है और तब समय व अवसर भी भूल जाता है। अभी इस ताँगे को देखकर मुझे उस समय की याद आ गई, जब हम लाहौर छोड़कर जा रहे थे।''

यह कहकर वे थोड़ी देर के लिए चुप हो गए। ऐसा लगा मानो उस समय की घटना आँखों के सामने साक्षात् घट रही थी।

''क्या हुआ था उस समय?'' बटुकेश्वर ने उत्सुक होकर पूछा।

''उस समय मैं साहब और राजगुरु मेरा नौकर बना था। लेकिन उसे यह बात ध्यान में नहीं रहती थी कि वह नौकर के वेश में है। उस दिन तो उसने कमाल कर दिया था।''

''क्या किया था उसने?''

''यह जानते हुए भी कि हमें सतर्क रहना है, वह मेरे साथ मित्र की तरह पेश आने लगा। ट्रेन में बैठने तक मुझे बार-बार यह बात याद दिलवानी पड़ी कि मैं साहब और वह मेरा नौकर है। हमें ऐसा कोई कार्य नहीं करना है जिससे हम संदिग्ध लगे। उस समय तो मुझे उस पर बहुत गुस्सा आया था, लेकिन आज उन्हीं यादों से मन भर आता है। सच कहता हूँ, मुझे ऐसा दोस्त फिर कभी नहीं मिलेगा, जो अपने दोस्त की खातिर जान तक कुरबान कर सकता है।''

सरकार का समर्पण

भगत सिंह और बटुकेश्वर जब जेल में पहुँचे, तब राजगुरु के आसपास सभी साथी उपस्थित थे। उनके चेहरों पर दुःख की काली छाया थी। लाख कोशिशों के बाद भी राजगुरु को देखकर उन्हें यतींद्र दा की शहादत की घड़ी याद आ रही थी।

''राजगुरु!'' भगत सिंह ने निकट आकर पुकारा।

उन्होंने आँखें खोलीं। भगत सिंह को सामने देखकर उनके

चेहरे पर मुसकान उभर आई। वे कुछ कहना चाहते थे, लेकिन कमजोरी के कारण बोलने में असमर्थ थे। उन्होंने शिव वर्मा की ओर देखा।

संकेत समझकर शिव वर्मा ने जेब से कागज का छोटा-सा टुकड़ा निकाला और उसे भगत सिंह को देते हुए कहा, "यह राजगुरु ने लिखा है।"

भगत सिंह ने उत्सुक होकर देखा। छोटे-से कागज पर काँपते हाथ से लिखा था–'सफलता'।

उस एकमात्र शब्द में राजगुरु का मन पूर्ण प्रतिबिंबित था। उनके बलिदान से सत्याग्रह सफल होने वाला था। वे स्वयं बलिवेदी पर जाकर खड़े हो गए थे। भगत सिंह ने कागज को सँजोकर जेब में रख लिया। तदंतर राजगुरु से बोले, "तुमने ठीक कहा है, लेकिन मैं तुम्हें इस तरह से आगे नहीं जाने दूँगा। तुम्हें दवा और थोड़ा दूध पीना चाहिए।"

अस्पष्ट शब्दों में राजगुरु ने उत्तर दिया, "जब तक हमारी माँगें स्वीकार नहीं की जातीं, तब तक मैं अन्न-जल ग्रहण नहीं करूँगा। अनमोल क्षण आ गया है, अब तुम मुझे पीछे हटने के लिए मत कहो।"

'इस अनमोल राजगुरु को दाँव पर लगने से कैसे रोका जाए?' यह सोचकर भगत सिंह चिंतित हो उठे।

तभी चमत्कार हुआ। जेलर ने अंदर आते हुए तीव्र स्वर में कहा, "आप लोगों के लिए खुशी की खबर है। सरकार ने आपकी माँगें स्वीकार कर ली हैं। हमारे पास इसका ऑर्डर आ चुका है।"

क्रांतिकारियों के चेहरे खिल उठे।

भगत सिंह ने आनंद में भरकर नारा लगाया, "इंकलाब…।"

"जिंदाबाद!" सबने एक स्वर में साथ दिया।

लॉर्ड इरविन ने राजगुरु की बिगड़ती दशा से प्रभावित होकर

सरकार को लिखा था कि 'उसे निमोनिया हुआ है। हालत इतनी खराब है कि वह कभी भी मर सकता है। इससे सरकार पर जनमत का दबाव बढ़ेगा। उचित यही है कि उनकी माँगों को स्वीकार करके जेल के नियमों में संशोधन कर दिया जाए।'

सरकार ने आखिरकार क्रांतिकारियों के समक्ष समर्पण करते हुए उसी दिन जेल के नियमों में सुधार का प्रपत्र जारी कर दिया था।

"राजगुरु! तुम्हारा तप पूर्ण हो चुका है, अब अनशन तोड़ दो।"

स्वीकृति मिलते ही तुरंत दूध मँगवाया गया।

"आज सबसे पहले इसका सम्मान किया जाना चाहिए।" यह कहकर भगत सिंह ने राजगुरु को बिठाया और उनके सूखे होंठों से दूध का गिलास लगाते हुए स्नेहपूर्वक बोले, "आगे भागना चाहते हो! लेकिन मैं तुम्हें ऐसा नहीं करने दूँगा।"

राजगुरु हँस पड़े। उन्होंने क्षीण स्वर में कहा, "आगे जाकर मैं तुम्हारे लिए कुछ इंतजाम करना चाहता था, लेकिन लगता है, नौकर के बिना तुम्हारी यात्रा नहीं हो सकेगी।"

भगत सिंह ने उनके गालों पर हलकी-सी चपत लगाते हुए कहा, "तो तुम्हें अपने नौकर होने की बात याद रह गई है! चलो, चुपचाप थोड़ा-सा दूध और पी लो। मैं वचन देता हूँ कि अगली यात्रा में मैं तुम्हें सूटकेस उठाने के लिए नहीं कहूँगा।"

उनकी बातों के अर्थ को समझकर सब हँस पड़े।

□

19

ट्रिब्यूनल की नियुक्ति

सरकार मुकदमे को गुपचुप तरीके से समाप्त करना चाहती थी, लेकिन यह इतना सरल नहीं था। इसकी लोकप्रियता इतनी बढ़ गई कि देश की सीमाएँ लाँघकर विदेशों तक जा पहुँची। जिस दिन अभियुक्त अदालत में उपस्थित होते थे, उस दिन कक्ष खचाखच भर जाता था। क्रांतिकारियों की एक झलक पाने के लिए दरवाजे से लेकर सड़क तक लोग घंटों प्रतीक्षा करते। सरकार को डर था कि मुकदमे के दौरान विपरीत निर्णय से लोग भड़क न जाएँ, इसलिए ठोस उपाय करना आवश्यक था।

12 सितंबर, 1929 को सरकार ने एक बिल प्रस्तुत किया। इसमें न्यायाधीशों को अभियुक्तों की अनुपस्थिति में मुकदमा जारी रखने का अधिकार दिया गया था। इसके पीछे उसका उद्देश्य अभियुक्तों को अदालत में लाए बिना ही जल्द-से-जल्द मुकदमे को समाप्त करना था। वह नहीं चाहती थी कि मुकदमे की चिंगारी भयंकर अग्नि का रूप धारण कर ले।

विरोधी दल के नेता पंडित मोतीलाल नेहरू ने इस बिल पर सरकार के साथ बहुत गर्मागर्म बहस की। उनके तर्कों को काटना सरकार के वश में नहीं था। प्रतिपक्ष के तीखे तेवरों को देखते हुए चार दिन बाद ही सरकार ने बिल को लोकमत के लिए प्रसारित कर दिया, लेकिन साथ में यह भी प्रचारित कर दिया कि आवश्यकता पड़ने पर सरकार अपने विशेषाधिकार का प्रयोग कर सकती है।

सारा देश समझ चुका था कि सरकार किसी भी कीमत पर इस बिल को पास करके ही दम लेगी।

जैसा सबको विदित था, 1 मई, 1930 को विशेषाधिकारों का प्रयोग करते हुए तत्कालीन गवर्नर लॉर्ड इरविन ने 'लाहौर षड्यंत्र केस ऑर्डिनेंस' नामक एक अध्यादेश पारित कर दिया। इसके अंतर्गत तीन न्यायाधीशों वाले एक विशेष ट्रिब्यूनल का गठन किया गया। इसके अध्यक्ष जस्टिस जे. कोल्डस्ट्रीम थे, जबकि जस्टिस आगा हैदर और जी. सी. हिल्टन इसके सदस्य थे।

ट्रिब्यूनल को अधिकार दिया गया कि वह अभियुक्तों, बचाव पक्ष के वकील तथा बचाव पक्ष के गवाहों की अनुपस्थिति या सरकारी गवाहों से बहस किए बिना ही इस मुकदमे में एकपक्षीय निर्णय दे सका है।

पुलिस की बर्बरता

5 मई, 1930 को ट्रिब्यूनल के अधीन लाहौर षड्यंत्र की सुनवाई आरंभ हुई। अभी तक मुकदमा सेंट्रल जेल के साथ वाली अदालत में चल रहा था, लेकिन अब पुंच में अदालत बनाई गई और अभियुक्तों को वहीं ले जाया जाने लगा। अदालत की पिछली कार्यवाही समाचार पत्रों में प्रकाशित होकर अभियुक्तों को लोकप्रिय बनाने तथा उनके पक्ष में समर्थन जुटाने में सहायक रही थी–यही सोचकर सरकार ने इस मुकदमे की कार्यवाही के प्रकाशन पर रोक लगा दी।

सरकार की ओर से एम.सी.एच. कार्डननोड मुकदमे की पैरवी कर रहे थे। उन्होंने अभियुक्तों पर तीन आरोप निर्धारित किए :

- षड्यंत्र और हत्या।
- डकैती तथा बमों का निर्माण।
- बमों का प्रयोग तथा अन्य तरीकों से ब्रिटेन के सम्राट के विरुद्ध युद्ध।

अभियुक्तों की ओर से कोई वकील नहीं था। ट्रिब्यूनल ने उनसे कहा, ''यदि आप चाहें तो सरकार अपने खर्चे पर बचाव पक्ष के लिए वकील दे सकती है।''

कानूनी कार्यवाही पर नजर रखने तथा बहस के दौरान सलाह लेने के लिए भगत सिंह ने लाला दुनीचंद को कानूनी सलाहकार बनाना स्वीकार कर लिया।

12 मई 1930 को सभी अभियुक्त देशभक्ति के गीत गाते तथा 'इंकलाब जिंदाबाद' के नारे लगाते हुए अदालत में पहुँचे। अंग्रेज जजों ने जब इनका अंग्रेजी अनुवाद सुना तो वे क्रोध से तमतमा उठे। उन्होंने अभियुक्तों को चुप रहने के लिए कहा, लेकिन आजादी के मतवालों को किसी की परवाह नहीं थी। वे अपनी धुन में मस्त होकर नारे लगाते रहे।

चीफ जस्टिस कोल्डस्ट्रीम ने चिढ़कर अभियुक्तों को चुप करवाने का आदेश दिया। एक बार फिर पुलिस का कहर टूट पड़ा। भरी अदालत में सिपाही लात, घूँसों और डंडों से अभियुक्तों को मारने लगे। अन्याय और अत्याचार होता देखकर जस्टिस आगा हैदर व्यथित होकर बाहर जाने के लिए कुरसी से उठ गए। उनका बाहर जाना ट्रिब्यूनल के मुँह पर कालिख पोत देता, इसलिए कोल्डस्ट्रीम द्वारा की गई व्यक्तिगत प्रार्थना पर वे पुनः अपने स्थान पर बैठ गए, परंतु उन्होंने यह कहते हुए अपना चेहरा अखबार के पीछे छिपा लिया कि 'कम से-कम खुदा से मैं यह तो कह सकूँगा कि अन्याय तो हुआ था, लेकिन मैंने अपनी आँखों से नहीं देखा।'

उस दिन की कार्यवाही स्थगित कर दी गई। कोल्डस्ट्रीम ने अपनी टिप्पणी में लिखा था, ''अभियुक्तों के दुर्व्यवहार के कारण फैसला कल के लिए स्थगित कर दिया गया, अदालत खाली हो गई और अभियुक्त हटा दिए गए।''

इस घटना के बाद क्रांतिकारियों ने बहिष्कार का निश्चय कर

लिया। इसके फलस्वरूप 13 मई, 1930 के बाद वे अदालत नहीं गए।

सरकार इस मामले को शीघ्र समाप्त करना चाहती थी, इसलिए उसने पुराने ट्रिब्यूनल को समाप्त करके नए ट्रिब्यूनल का गठन किया। इसमें जस्टिस कोल्डस्ट्रीम और आगा हैदर के स्थान पर जस्टिस जे. के. कैंप और जस्टिस अब्दुल कादिर को सम्मिलित किया गया। जस्टिस जी. सी. हिल्टन अपने पद पर पूर्ववत् बने रहे।

बहिष्कार के चलते ट्रिब्यूनल ने एकतरफा कार्यवाही आरंभ की। अंततः 26 अगस्त, 1930 को तीन महीने तक चली इस कार्यवाही का पटाक्षेप हो गया। ट्रिब्यूनल का काम समाप्त हो चुका था; निर्णय सुरक्षित था, फिर भी कागजी औपचारिकताएँ पूरी करने के लिए ट्रिब्यूनल ने अभियुक्तों को अदालत में अपना पक्ष रखने के लिए कहा, लेकिन क्रांतिकारियों ने सफाई देने से इंकार कर दिया।

□

20

अंतिम भोज

5 अक्तूबर, 1930 की रात को वातावरण में काफी चहल-पहल थी। कारागार की मोटी-मोटी मजबूत रूखी दीवारों और फौलादी सींकचों को कभी न देखा हुआ अत्यंत मनोहारी दृश्य आज दिखाई दे रहा था, इसलिए उनकी वीरान आँखों में चेतना उत्पन्न हो गई थी। गंभीर चेहरों पर मुसकराहट खिल उठी थी। होंठों पर लगे निर्दय व बेरहम ताले खुल गए थे। कैदियों और अधिकारियों के मिले-जुले हास-परिहास में अवचेतन जड़ वस्तुएँ भी चेतन बनकर सम्मिलित हो गई थीं।

लाहौर षड्यंत्र के अभियुक्त एक साथ खाना खा रहे थे। इस अवसर पर जेल के कुछ अधिकारी आनंद लेने के लिए उपस्थित थे। भोजन में रसदार व्यंजन नहीं बल्कि जेल का खाना था, परंतु मोटी-मोटी रोटियों और खट्टी-तीखी दाल का स्वाद आज बेमिसाल बन गया था। गपशप का दौर जारी था; पुरानी यादें दोहराई जा रही थीं। उन्हें देखकर ऐसा लगने लगा मानो वे आगरा या कानपुर के केंद्र में बैठे हुए हैं। बीच बीच में अधिकारियों के साथ भी मजाक कर लिया जाता था।

लेकिन अधिकारियों के चेहरों पर गंभीरता थी। मौत के दरवाजे पर खड़े इन युवकों का हँसी-मजाक उन्हें सहन नहीं हो रहा था। अब तक उन्हें चोर-डाकुओं के साथ रहने की आदत थी, लेकिन ये कैदी कुछ और ही तरह के थे। उन पर खून का आरोप था; लूट

का आरोप था, फिर भी उनका व्यवहार सभ्य और खानदानी युवकों की तरह था। जिद्दी होते हुए भी उनकी जिद स्वार्थ से परिपूर्ण नहीं थी। वे स्वयं के लिए नहीं बल्कि देश के लिए संघर्षरत थे। यह संघर्ष उनसे मार-पीट करनेवाले, यातनाएँ देनेवाले तथा कहर ढहाने वाले जेल अधिकारियों के लिए भी था। होता भी क्यों न, आखिरकार अंग्रेज सरकार की नौकरी करनेवाले वे अधिकारी भी भारतीय थे; भारतमाता की संतान थे।

मुकदमा समाप्त हो चुका था; ट्रिब्यूनल का फैसला कभी भी आ सकता था। इसलिए जेल-अधिकारियों ने लाहौर षड्यंत्र के अभियुक्तों के सामूहिक भोजन की व्यवस्था की थी। वे चाहते थे कि सजा पाने से पूर्व वे युवक कुछ समय एक साथ हँसी-खुशी से बिता लें।

राजगुरु ने पेट पर हाथ फेरकर जेल-अधिकारियों की ओर देखते हुए कहा, "अन्नदाता सुखी भव! आज की तरह यह कल भी मिले।"

"कल भोजन तो मिलेगा, लेकिन वह ऐसा नहीं होगा। यह भोज केवल आज के लिए था।" भगत सिंह ने हँसते हुए कहा।

"लेकिन तुम और मैं आखिरी समय तक एक साथ मिलकर खाना खाएँगे। मैं ठीक कह रहा हूँ न वार्डर साहब?" राजगुरु ने चुटकी ली।

वार्डर चकरा गया। वह भला क्या उत्तर देता। जल्दी फैसला होगा और सभी बिखर जाएँगे। कोई कालेपानी भेजा जाएगा तो किसी को फाँसी होगी। इतने सुकोमल और कमउम्र युवकों को फाँसी! वार्डर की आँखों में आँसू उमड़ आए।

राजगुरु ने वार्डर के कंधे पर थपकी दी और मुसकराते हुए बोले, "आप लोग इतने दुःखी क्यों हैं? हमारे लिए यह पावन पर्व है। इसे हम एक स्वर्ण अवसर समझते हैं। यदि यह अवसर मिल

जाए, तो हम सौभाग्यशाली होंगे।''

उनकी जिंदादिली देखकर वार्डर ने स्वयं को सँभाला और मन-ही-मन कहा, ''एक दिन आपका बलिदान अवश्य रँग लाएगा। यह देश आपके खून की खुशबू से महक उठेगा।''

क्रांतिकारियों का सामूहिक रूप से यह अंतिम भोज था। इसके बाद सभी को अलग-अलग कर दिया गया।

ट्रिब्यूनल का फैसला

7 अक्तूबर, 1930 को ट्रिब्यूनल का एक संदेशवाहक सुबह सवेरे ही जेल में आ गया। अभियुक्त फैसला सुनने के लिए अदालत नहीं गए थे, इसलिए संदेशवाहक फैसला सुनाने के लिए आया था। उसने गंभीरता के साथ 68 पृष्ठों के फैसले को सुनाना आरंभ किया, ''लाहौर षड्यंत्र में भगत सिंह, राजगुरु और सुखदेव प्रमुख अभियुक्त घोषित। तीनों को फाँसी की सजा।''

पलभर के लिए उपस्थित लोग स्तब्ध रह गए, लेकिन भगत सिंह, राजगुरु और सुखदेव के चेहरों पर मुसकराहट खिल उठी। उन्हें पहले ही इसका आभास हो चुका था। 'इंकलाब...जिंदाबाद' का नारा लगाते हुए वे तीनों परस्पर गले मिलने लगे। उनकी प्रसन्नता की कोई सीमा नहीं थी; उनका मृत्यु-पर्व सफल हो गया था।

संदेशवाहक ने पन्ने पलटे, ''कमलनाथ तिवारी, विजय कुमार सिन्हा, जयदेव कपूर, शिव वर्मा, गयाप्रसाद, किशोरीलाल और महावीर सिंह को सहयोग देने के आरोप में आजीवन कालेपानी अर्थात् उम्रकैद की सजा।''

''कुंदनलाल को सात साल और प्रेमदत्त को तीन साल की कैद।''

''मास्टर आशाराम, सुरेंद्रनाथ पांडे, देशराज, जितेंद्रनाथ सान्याल और अजय घोष को अपराध साबित न होने के कारण मुक्त किया

जा रहा है।'' संदेशवाहक ने बात पूरी की।

मुक्ति की खबर सुनकर वे उदास हो गए और ईर्ष्या में भरकर 'जीवन्मुक्त' होनेवाले भाग्यवानों को देखने लगे।

निर्णय सुनाया जा चुका था। अत: उसी दिन भगत सिंह, राजगुरु और सुखदेव को 14 नंबर की कोठरियों में स्थानांतरित कर दिया गया। इनमें उन कैदियों को रखा जाता था, जिन्हें फाँसी की सजा दी जाती थी।

सरकार ने निर्णय को गुप्त रखने का भरसक प्रयत्न किया था, लेकिन कुछ ही देर में यह खबर देशभर में फैल गई। स्थिति की गंभीरता को देखते हुए लाहौर में धारा 144 लगा दी गई; आम सभा व जुलूस आदि प्रतिबंधित करते हुए जगह-जगह पर सैन्यबल तैनात कर दिया गया।

इतने सख्त इंतजाम होने पर भी 8 अक्तूबर को पूरा देश गरज उठा। सरकार और जनता में खुलेआम युद्ध छिड़ गया। हजारों युवक-युवतियाँ स्वेच्छा से गिरफ्तार हुए। विभिन्न स्थानों, गाँवों, शहरों में दु:खी जनता ने सभाएँ करके सरकार की भरपूर भर्त्सना की।

'मैं फिर आऊँगा'

कानूनी नियमों के अनुसार, फाँसी से कुछ दिन पूर्व कैदियों की मुलाकातें बंद कर दी जाती थीं। अत: पार्वती देवी अंतिम बार राजगुरु से मिलने आईं। यह मुलाकात निराशा, दु:ख और निस्तेजता से भरी हुई थी। आज के बाद पुत्र से फिर कभी मुलाकात नहीं होगी, यह बात वे समझ चुकी थीं। यह मिलन की अंतिम घड़ी थी; एक-दूसरे को अलविदा कहने की घड़ी थी।

पार्वती बहुत व्याकुल और दु:खी थीं। विधाता ने उनके जीवन में क्रूरतम दिन लिख दिया था। जिस बापू साहेब के कंधों पर चढ़कर वे श्मशान जाना चाहती थीं, वही उनसे विदा लेने वाला

था; उसकी आँखें हमेशा के लिए मुँदने वाली थीं–यह सोचकर उनकी आँखों से आँसू छलक आए।

राजगुरु प्रेमभरे स्वर में बोले, ''माँ! आँसू बहाकर मुझे कमजोर मत बनाओ। बचपन में तुमने ही मुझे सत्य-पथ पर चलने की शिक्षा दी थी। मैंने इसी शिक्षा का पालन किया है। मुझे गर्व है कि मैं तुम्हारा बेटा हूँ। तुमने जन्म देकर मुझे इस योग्य बनाया कि देश की आजादी के लिए आज मैं हँसते-हँसते अपना बलिदान कर पाऊँ। माँ! मुझे आशीर्वाद दो कि जीवन के अंतिम क्षणों तक मैं इसी प्रकार अडिग रहूँ।''

पार्वती ने काँपते हाथों से पुत्र के सिर पर हाथ फेरा और स्वयं को संयत करते हुए बोलीं, ''बापू साहेब! तुम्हें जन्म देकर मेरी कोख धन्य हो गई। अपने पुण्य कर्मों से तुमने हमें दुनिया में सम्मान के योग्य बना दिया। मैं ईश्वर से प्रार्थना करती हूँ कि हर जन्म में तुम ही मेरे बेटे के रूप में जन्म लो।''

उनके आँसू देखकर अंतिम समय में राजगुरु का मन दुःखी न हो जाए, यह सोचकर वे वीरांगना दृढ़ स्वर में बोलीं, ''बापू साहेब! जीवन के अंतिम क्षणों तक अपने निर्णय पर अडिग रहना। मरना सबको है, परंतु मृत्यु वही श्रेष्ठ है जिसे दुनिया देखे; जिसकी मृत्यु पर सब रो उठे। मुझे गर्व है कि तुम देश के लिए अपने प्राण न्योछावर कर रहे हो। तुम्हारे बलिदान से सोए हुए देशवासियों की नींद टूटेगी और वे एकजुट होकर तुम्हारे अधूरे छोड़े गए कार्य को पूर्ण करेंगे।''

राजगुरु ने माँ के हाथ को स्पर्श करते हुए कहा, ''मुझ पर विश्वास रखना। मैं मृत्यु का वरण करने से पीछे नहीं हटूँगा। मैं दुनिया से चला जाऊँगा, परंतु मेरी मौत देश में एक नई क्रांति को जन्म देगी। मैं फिर आऊँगा और तब तक बार-बार आता रहूँगा, जब तक मेरा देश गुलामी की बेड़ियों से आजाद नहीं हो जाता। यह

बलिदान व्यर्थ नहीं जाएगा; मेरी मौत से हजारों राजगुरु उठ खड़े होंगे, जो ब्रिटिश सरकार को भारत से उखाड़ फेंकेंगे।''

इसी बीच मुलाकात का समय समाप्त हो गया। माँ ने पुत्र को भरपूर निगाहों से देखा और भरे मन से लौट गईं।

□

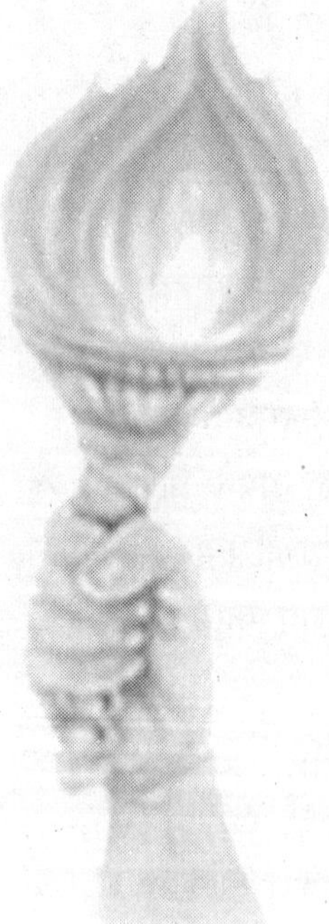

21

अपील

ट्रिब्यूनल के निर्णय के विरुद्ध बचाव पक्ष प्रिवी कॉउंसिल में अपील करना चाहता था। भगत सिंह, राजगुरु और सुखदेव– तीनों में से कोई भी अपील के लिए सहमत नहीं था। बाद में बैरिस्टर प्राणनाथ मेहता के समझाने पर उनके विचारों में परिवर्तन हुआ। प्रिवी कॉउंसिल ब्रिटिश साम्राज्य की सबसे बड़ी अदालत थी। उसमें अपील करके विश्वभर में भारतीय क्रांति के उद्देश्यों को प्रचारित करने का अच्छा अवसर मिल सकता था। इससे भारत में कैदियों पर होने वाले अमानुषिक अत्याचार, शहीदों की शहादत तथा अंग्रेजी हुकूमत के खिलाफ जनाक्रोश दुनियाभर के लोगों के समक्ष उजागर हो जाता, लेकिन उन्हें भय भी था कि कहीं प्रिवी कॉउंसिल बचाव पक्ष की दलीलों को मानते हुए उनकी फाँसी की सजा को आजीवन कारावास में न बदल दे। अंततः अपील करने के साथ-साथ उन्होंने एक पत्र भी लिखा। 20 मार्च, 1931 को लिखे गए इस पत्र के अनुसार

"आदरणीय महोदय,

उचित सम्मान के साथ हम नीचे लिखी बातें आपकी सेवा में रख रहे हैं :

भारत में ब्रिटिश सरकार के सर्वोच्च अधिकारी वायसराय ने विशेष अध्यादेश जारी करके लाहौर-षड्यंत्र अभियोग की सुनवाई के लिए एक विशेष न्यायाधिकरण स्थापित किया,

जिसने 7 अक्तूबर, 1930 को हमें फाँसी का दंड सुनाया। हमारे विरुद्ध सबसे बड़ा अभियोग यह लगाया गया है कि हमने सम्राट जॉर्ज पंचम के विरुद्ध युद्ध किया है। न्यायालय के इस निर्णय से दो बातें स्पष्ट हो जाती हैं–प्रथम यह कि अंग्रेजों और भारतीय जनता के मध्य एक युद्ध चल रहा है। दूसरा यह कि हमने निश्चित रूप से उस युद्ध में भाग लिया है। अतः हम राजकीय युद्धबंदी हैं। यद्यपि इसकी व्याख्या में बहुत हद तक अतिशयोक्ति से काम लिया गया, तथापि हम यह कहे बिना नहीं रह सकते कि ऐसा करके हमें सम्मानित किया गया है।

हमारे विचारानुसार प्रत्यक्ष रूप से ऐसी कोई लड़ाई नहीं छिड़ी है और हम नहीं जानते कि युद्ध छिड़ने से न्यायालय का क्या आशय है? हम यह कहना चाहते हैं कि युद्ध छिड़ा हुआ है और यह युद्ध तब तक चलता रहेगा, जब तक कि शक्तिशाली व्यक्ति भारतीय जनता एवं श्रमिकों की आय के साधनों पर अपना एकाधिकार बनाए रखेंगे, चाहे ऐसे व्यक्ति अंग्रेज पूँजीपति, अंग्रेज शासक या भारतीय ही क्यों न हो।

उन्होंने परस्पर मिलकर एक लूट जारी कर रखी है। यदि भारतीय पूँजीपतियों द्वारा निर्धनों का खून चूसा जा रहा हो, तब भी इस स्थिति में कोई अंतर नहीं पड़ता। यदि आपकी सरकार कुछ नेताओं या भारतीय समाज के ठेकेदारों पर प्रभाव जमाने में सफल हो जाए; कुछ सुविधाएँ मिल जाएँ या समझौता हो जाए; उससे भी स्थिति नहीं बदल सकती। जनता पर इन बातों का प्रभाव बहुत कम पड़ता है।

इन बातों की हमें चिंता नहीं है कि एक बार फिर युवकों को धोखा दिया गया है और इस बात का भी भय नहीं है कि हमारे नेता–राजनीतिक नेता–पथभ्रष्ट हो गए हैं और वे समझौते

की बातचीत में इन निरपराध, बेघर और निराश्रित बलिदानियों को भूल गए हैं, जिन्हें दुर्भाग्य से 'क्रांतिकारी पार्टी' का सदस्य समझा जाता है। हमारे राजनीतिक नेता तो उन्हें अपना शत्रु समझते हैं, क्योंकि उनके विचार में वे हिंसा में विश्वास रखते हैं। हमारी वीरांगनाओं ने अपना सर्वस्व बलिदान कर दिया है। उन्होंने बलिवेदी पर पतियों को भेंट किया; उन्होंने स्वयं को भी न्योछावर कर दिया, लेकिन आपकी सरकार उन्हें 'विद्रोही' समझती है। आपके एजेंट भले ही झूठी कहानियाँ बनाकर उन्हें बदनाम कर दें और पार्टी की ख्याति को हानि पहुँचाने का प्रयास करें, परंतु यह युद्ध तो चलता रहेगा।

हो सकता है कि यह युद्ध भिन्न-भिन्न दशाओं में भिन्न-भिन्न स्वरूप ग्रहण करे। कभी युद्ध प्रकट रूप ले ले, कभी गुप्त दिशाओं में चलता रहे; कभी भयानक रूप धारण कर ले, कभी किसान के स्तर पर जारी रहे; कभी यह युद्ध इतना भयानक हो जाए कि जीवन-मरण की बाजी लग जाए।

परिस्थिति चाहे कोई भी हो, उसका प्रभाव आप पर पड़ेगा। यह अब आपकी इच्छा है कि जिस परिस्थिति को चाहें, चुन लें, लेकिन यह युद्ध चलता रहेगा। इसमें छोटी-छोटी बातों पर ध्यान नहीं दिया जाएगा। बहुत संभव है कि यह युद्ध भयंकर रूप ग्रहण कर ले। यह तब तक समाप्त नहीं होगा, जब तक कि समाज का वर्तमान ढाँचा समाप्त नहीं हो जाता; प्रत्येक व्यवस्था में परिवर्तन या क्रांति नहीं हो जाती और सृष्टि में एक नवीन युग का सूत्रपात नहीं हो जाता।

निकट भविष्य में यह युद्ध अंतिम रूप से लड़ा जाएगा और तब यह दिखाई देने लगेगा कि साम्राज्यवाद और पूँजीवाद कुछ समय के मेहमान हैं।

यही वह युद्ध है, जिसमें हमने प्रत्यक्ष रूप से भाग लिया है।

हम इसके लिए स्वयं पर गर्व करते हैं।

हमारी सेवाएँ इतिहास के उस अध्याय के लिए मानी जाएँगी जिसे यतींद्रनाथ दास और भगवतीचरण के बलिदानों ने विशेष रूप से प्रकाशमान कर दिया है। उनके बलिदान महान् हैं।

जहाँ तक हमारे भाग्य का संबंध है, हम बलपूर्वक आपसे यह कहना चाहते हैं कि आपने हमें फाँसी पर लटकाने का निर्णय कर लिया है, आप ऐसा ही करेंगे।

आपके हाथों में शक्ति है और आपको अधिकार भी प्राप्त है, परंतु इस प्रकार आप 'जिसकी लाठी उसकी भैंस' वाला ही सिद्धांत अपना रहे हैं और उस पर अटल हैं। हमारे अभियोग की सुनवाई इस वक्तव्य को सिद्ध करने के लिए पर्याप्त है कि हमने कभी कोई प्रार्थना नहीं की और अब भी हम आपसे किसी प्रकार की दया की प्रार्थना नहीं करते।

हम आपसे सिर्फ यही प्रार्थना करना चाहते हैं कि आपकी सरकार के ही एक न्यायालय द्वारा हमारे प्रति युद्धबंदियों जैसा व्यवहार किया जाए। फाँसी देने के बजाय हमें गोलियों से उड़ा दिया जाए।

अब यह सिद्ध करना आपका काम है कि आपको उस निर्णय में विश्वास है, जो आपकी सरकार के ही एक न्यायालय ने दिया है। आप अपनी कार्यवाही द्वारा इस बात का प्रमाण दीजिए। हम आपसे विनयपूर्वक प्रार्थना करते हैं कि आप अपने सेना विभाग को आदेश दें कि हमें गोली से उड़ाने के लिए एक सैनिक दस्ता भेजा जाए।

—भगत सिंह, राजगुरु, सुखदेव

पत्र मिलने के बाद प्रिवी कॉउंसिल ने अपील अस्वीकार करते हुए उनकी सजा बरकरार रखी। लेकिन इससे यह मुकदमा अंतरराष्ट्रीय मुद्दा बन गया; देश-विदेश में ब्रिटिश सरकार की पोल खुल गई थी।

मौत से डर!

सूर्यास्त हो जाने के बाद भी राजगुरु खामोश बैठे सींकचों से बाहर आकाश को एकटक देख रहे थे। अचानक शिव वर्मा ने उनके कंधे पर हाथ रखा और निकट बैठते हुए बोले, "कब से यहीं बैठे हो! किस विचार में खोए हुए हो?"

"कुछ विशेष नहीं है।"

"कुछ कैसे नहीं? आज ही नहीं, पिछले सात-आठ दिनों से देख रहा हूँ कि तुम बिलकुल गुमसुम रहते हो। ऐसे चुप बैठना तुम्हारा स्वभाव नहीं है। पाँच मिनट भी तुम खामोश नहीं बैठ सकते, फिर इस प्रकार गंभीर क्यों हो गए हो?"

राजगुरु ने कोई उत्तर नहीं दिया।

"तुम्हें घर-परिवार की याद आ रही है?" शिव वर्मा ने पुनः छेड़ा।

"मेरा परिवार तुम सब हो, फिर मुझे किसी की याद क्यों आने लगी।" यह कहकर उन्होंने शिव वर्मा का हाथ अपने हाथों में लिया और धीरे से बोले, "अच्छा, तुम बताओ कि यह दुनिया स्वर्ग है या नरक? यहाँ मोहित कर देने वाली कौन-सी खूबसूरत वस्तु है?"

शिव वर्मा हँस पड़े और छेड़ते हुए बोले, "दार्शनिक बन रहे हो!"

"यह बीमारी मुझे न कभी लगी थी और न आगे कभी लगेगी। मैं वैसे ही पूछ रहा हूँ। तुम सबसे मिलने से पूर्व मैंने सत्रह-अट्ठारह साल दुनिया का अनुभव प्राप्त किया था, लेकिन सच कहता हूँ, उस समय मुझे दुनिया में कोई अच्छाई दिखाई नहीं देती थी। मेरी जिंदगी का हर पल एक बोझ था। अपमान और अवमाननाओं से भरे हुए मेरे जीवन में मुझे दुनिया नरक के समान प्रतीत होती थी, लेकिन मैं आप लोगों के साथ रहा और अचानक जैसे जादू हो गया। मुझे दुनिया का स्वर्ग दिखाई दिया; यहाँ की

अच्छाई अनुभव की; प्यार का अहसास हुआ। अब उस प्यार को छोड़कर जाने का मन नहीं करता।''

शिव वर्मा ने आश्चर्य से उनकी ओर देखा।

'जो मौत को गले लगाने के लिए अधीर था; जिसने असीम पीड़ाएँ झेलीं, क्या यह वही राजगुरु है? क्या मैं उसके मुँह से ये शब्द सुन रहा हूँ कि सब छोड़कर जाने के विचार से असीम दु:ख होता है?'–ये बातें मन में आते ही उनसे रहा नहीं गया और उन्होंने साफ-साफ पूछ लिया, ''क्या तुम मौत से डर गए हो? अपने किए पर तुम्हें पछतावा होने लगा है?''

राजगुरु हलके-से मुसकराए और एकाएक गंभीर होकर बोले, ''कम-से-कम तुम्हारी ओर से यह प्रश्न नहीं पूछा जाना चाहिए था। तुम अच्छी तरह से जानते हो कि मैं मौत से कभी नहीं डरा और न ही कभी डरूँगा।''

''तो फिर तुमने ऐसी बात क्यों कही?''

''मैं केवल अपना अनुभव बता रहा था। देखो, गरीबी सबसे बड़ा अभिशाप है, लेकिन क्या करें, कुछ लोग हमें गरीब बनाते हैं, और प्यार से रहने भी नहीं देते। यदि ऐसा न होता तो यह दुनिया कितनी सुंदर होती। भला कौन नहीं चाहेगा कि ऐसी प्यार भरी दुनिया में और अधिक जीने का अवसर मिले, लेकिन यह महसूस होने का अर्थ मृत्यु-भय नहीं है, बल्कि मृत्यु की इस छाया में ही मुझे सत्य का प्रकाश दिखाई दिया है। मैंने जो कुछ किया है, उस पर मुझे गर्व है। हम अपने देश के करोड़ों लोगों के लिए स्वर्ग का द्वार खोल रहे हैं। उनकी गरीबी को दूर करने के लिए प्रयासरत हैं। स्वतंत्रता के स्वर्ग की एकमात्र किरण ही क्यों न हो, लेकिन हम उन्हें प्रदान कर रहे हैं। इस बात का बड़ा संतोष है कि उस प्रसन्नता के लिए मैं एक ही क्यों, कई मौत मरने के लिए तैयार हूँ। क्रांतिकारियों के लिए तो यह मनोवांछित वरदान है।'' बात पूरी

करते-करते राजगुरु के स्वर से प्रसन्नता छलकने लगी थी। शहादत के विचार मात्र से उनके मन की उदासी अदृश्य हो गई।

शिव वर्मा राजगुरु की बात का अर्थ समझ गए थे। मन-ही-मन उन्होंने उस महान् आत्मा को प्रणाम किया।

समझौते की विफलता

4 मार्च, 1931 को महात्मा गांधी और भारत के तत्कालीन गवर्नर लॉर्ड इरविन के बीच एक समझौता हुआ। इसे 'गांधी-इरविन समझौते' के नाम से भी जाना जाता है। इसमें कई प्रस्तावों के साथ-साथ जेल में बंद सत्याग्रहियों को छोड़ने का प्रस्ताव भी सम्मिलित था। जन-समुदाय बड़े दिनों से इस समझौते की प्रतीक्षा कर रहा था। उन्हें विश्वास था कि इसमें भगत सिंह, राजगुरु और सुखदेव को जेल से मुक्त करने की बात अवश्य होगी, लेकिन दुर्भाग्यवश प्रस्ताव में उनका कोई उल्लेख नहीं था। उसमें स्पष्ट कहा गया कि 'केवल वे कैदी छोड़े जाएँगे जो सविनय अवज्ञा आंदोलन के सिलसिले में ऐसे अपराधों के लिए कैद भोग रहे हैं, जिनमें नाममात्र की हिंसा को छोड़कर किसी प्रकार की हिंसा या हिंसा के लिए उत्तेजना का समावेश न हो।'

क्रांतिकारियों के संबंध में गांधी-इरविन समझौता विफल हो चुका था। इससे जनता में गहरी निराशा व्याप्त हो गई।

□

22

शहीद-ए-वतन

"वतन की आबरू का पास देखें कौन करता है,
सुना है आज मकतल में हमारा इम्तहां होगा!
इलाही वह भी दिन होगा सब अपना राज देखेंगे,
जब अपनी ही जमीं होगी अपना आस्मां होगा!"

24 मार्च, 1931–राजगुरु, भगत सिंह और सुखदेव को फाँसी देने के लिए यही दिन निश्चित किया गया था, लेकिन सरकार एक नई योजना का ताना-बाना बुन रही थी। अब तक तीनों क्रांतिकारी देश के आदर्श-पुरुष बन चुके थे; विभिन्न स्थानों पर आंदोलनों द्वारा उनकी रिहाई की माँग की जा रही थी। कई लोगों ने जेल को घेरने की घोषणा भी कर दी थी। सरकार को भय था कि इससे विद्रोह की स्थिति उत्पन्न हो सकती है, इसलिए नियम-कानूनों को एक ओर रखते हुए उन्होंने एक दिन पूर्व ही फाँसी देने का निर्णय ले लिया। इस विषय में जेल के अधिकारियों को आनन-फानन में सूचित किया गया।

23 मार्च, 1931; दिन सोमवार। राजगुरु आराम कर रहे थे। उनके जीवन का आज अंतिम दिन था। सहसा 'इंकलाब-जिंदाबाद' के नारों से जेल का प्रांगण गूँज उठा। अभी दोपहर पूरी तरह से ढली नहीं थी। इस समय सभी बंदी कारागार के बाहर अपने-अपने काम पर रहा करते थे। लेकिन आज वे जल्दी लौट आए थे।

'रात को आने वाले कैदी अभी क्यों लौट आए? अवश्य कुछ

गड़बड़ है।' राजगुरु इसी सोच में डूबे हुए थे।

तभी एक सिपाही ने कोठरी में प्रवेश किया और भरे गले से कहा, "तैयार हो जाइए, आखिरी समय निकट आ गया है।"

"यह तो खुशी की बात है। मुहूर्त कब का है?" राजगुरु ने हँसते हुए पूछा।

"आज शाम…।" सिपाही ने वाक्य अधूरा छोड़ दिया।

राजगुरु मुसकराते हुए बोले, "इसका मतलब मिलन की घड़ी आ चुकी है।"

"चलिए, अंतिम स्नान कर लीजिए। आपके दोनों साथियों को भी सूचित कर दिया गया है।" यह कहकर सिपाही तेजी से बाहर निकल गया।

अंतिम स्नान के बाद राजगुरु, भगत सिंह और सुखदेव जेलर के पास पहुँचे। उन युवकों को मौत के मुँह में जाते देखकर जेलर की आँखें भर आईं; पत्थर दिल पसीज गया; हाथ-पैर काँपने लगे। उसने बाँधने के लिए हथकड़ियाँ आगे की तो वे मुसकराते हुए बोले, "क्या आप हमारी आखिरी इच्छा नहीं पूछेंगे?"

"मैं पूछने ही वाला था। बताइए, आपकी आखिरी इच्छा क्या है?" जेलर ने भरे स्वर से पूछा।

"हमें न तो हथकड़ियाँ पहनाई जाएँ और न ही फाँसी के समय हमारे चेहरे ढके जाएँ। यही हमारी आखिरी इच्छा है।" तीनों ने एक स्वर में कहा।

कुछ देर सोचने के बाद जेलर ने हथकड़ियाँ एक ओर रख दीं। तदंतर तीनों को फाँसी के तख्ते की ओर ले जाया गया। भगत सिंह बीच में थे; उनके दाईं ओर राजगुरु और बाईं ओर सुखदेव थे। एक-दूसरे के हाथों में हाथ डाले भारतमाता के तीनों सपूत एक स्वर में गा रहे थे :

"मेरा रंग दे बसंती चोला, माए रंग दे बसंती चोला।

दम निकले इस देश की खातिर बस इतना अरमान है,
एक बार इस राह में मरना सौ जन्मों के समान है।
देख के वीरों की कुर्बानी अपना दिल भी बोला,
मेरा रंग दे बसंती चोला, माए रंग दे बसंती चोला।
जिस चोले को पहन शिवाजी खेले अपनी जान पे,
जिसे पहन झाँसी की रानी मिट गई अपनी शान पे।
आज उसी को पहनकर निकला हम मस्तों का टोला,
मेरा रंग दे बसंती चोला, माए रंग दे बसंती चोला।''

अन्य कैदियों को सरकार की धूर्तता का पता लग चुका था। देखते-ही-देखते 'इंकलाब-जिंदाबाद' के नारों से जेल का कोना-कोना गूँज उठा। हर कोई इन वीरों को अश्रुपूर्ण विदाई दे रहा था।

वार्डर ने फाँसीघर का दरवाजा खोला। तीनों ने हँसते-गुनगुनाते उसमें प्रवेश किया। अंदर लाहौर का डिप्टी कमिश्नर उनकी प्रतीक्षा कर रहा था। वह उन तेजस्वी युवकों को हथकड़ियों के बिना देखकर चौंक उठा। 'इन्हें बिना हथकड़ियों के खुले में कैसे लाया गया है?' क्रोध से तमतमाकर उसने जेलर मुहम्मद अकबर की ओर देखते हुए पूछा।

जेलर अदब के साथ बोला, ''विश्वास रखिए, इनसे किसी को कोई खतरा नहीं होगा।''

तीनों हँसने लगे और उन्हें आश्वस्त करते हुए बोले, ''आज आप देखेंगे कि भारतीय क्रांतिकारी अपने लक्ष्य के लिए किस तरह हँसते-हँसते मौत को गले लगाते हैं। आप बहुत भाग्यशाली हैं।''

मजिस्ट्रेट फटी आँखों से तीनों मृत्युंजयों की ओर देखता रह गया।

सामने तीन रस्सियाँ लटक रही थीं, जिनके सिरों पर तैयार फंदे उनका इंतजार कर रहे थे। तीनों एक-दूसरे को देखकर मुसकराए और फिर मौत का वरण करने के लिए तेजी से तख्त पर चढ़ गए।

उनकी फुरती देखते ही बनती थी। बीच में भगत सिंह, दाईं ओर राजगुरु और बाईं ओर सुखदेव। तीनों एक स्वर में बोल उठे, "इंकलाब...जिंदाबाद! साम्राज्यशाही...मुर्दाबाद! वंदेमातरम्!"

उन्होंने फंदों को चूमा और अपने हाथों से उन्हें गले में पहन लिया। निकट खड़ा जल्लाद उनका साहस देखकर आश्चर्यचकित रह गया। इतने वीर युवक उसने कभी नहीं देखे थे। वह काँपने लगा; पैर लड़खड़ाने लगे। छलछलाई आँखों से उसने तीनों वीरों को प्रणाम कर अपने मस्तक पर उनकी पदधूलि लगाई। तदंतर धीरे-धीरे चलता हुआ रस्सी खींचने वाले चक्र के पास आकर खड़ा हो गया।

7 बजकर 33 मिनट पर मजिस्ट्रेट ने संकेत किया और जल्लाद ने भरे मन से चक्र घुमा दिया।

पलभर में तीनों क्रांतिकारी देश के लिए शहीद हो गए और हवा में देशभक्ति का तराना गूँज उठा—

"दिल से निकलेगी न मरकर भी वतन की उल्फत,
मेरी मिट्टी से भी खुशबू-ए-वतन आएगी।"

□

23

शहीदों की चिताओं पर…

'24 मार्च की सुबह क्रांतिकारियों को फाँसी दी जाएगी'–यह सोचकर 23 मार्च की रात को राजगुरु, भगत सिंह और सुखदेव के परिवार मोरीगेट के पास एकत्रित थे। उनके साथ लोगों का विशाल जुलूस था। उन्हें उम्मीद थी कि फाँसी देने से पहले उन्हें अंतिम दर्शन हेतु तीनों से मिलने दिया जाएगा।

तभी एक भारतीय सिपाही ने आकर बताया, "उन्हें तो आज शाम सात बजे ही फाँसी दे दी गई है।"

सहसा वातावरण में स्तब्धता छा गई; सभी की साँसें थम-सी गईं।

और फिर देखते-ही-देखते 'भगत सिंह…अमर रहे! राजगुरु… अमर रहे! सुखदेव… अमर रहे!' के नारों से पूरा लाहौर गूँज उठा। लोग बुलंद आवाज में गरज उठे, "हमें तीनों शहीदों के शव चाहिए।" यह कहकर जुलूस जेल की ओर चल पड़ा।

लेकिन जेल पहुँचने पर अधिकारियों ने शव देने से मना कर दिया। बार-बार पूछने पर अंततः जेल अधिकारी ने सूचना दी, "उनकी लाशें अंतिम संस्कार के लिए ले जाई जा चुकी हैं।"

जनसमुदाय विस्मित रह गया। 'उन्हें कहाँ ले गए हैं? अंतिम संस्कार कौन करेगा?' ऐसे अनगिनत प्रश्न उठे, लेकिन उनके पास एक का भी जवाब नहीं था।

सभी इसी उलझन में थे कि तभी एक सिपाही ने धीरे से

कहा, "उनके शव बोरियों में ठूँसकर जेल के पीछे वाले रास्ते से बाहर कर दिए गए हैं।"

"बोरियों में?" लोग चौंक उठे।

"जी, उनकी लाशों को काट-काटकर बोरियों में भरा गया और फिर ट्रक में डालकर उन्हें यहाँ से ले गए।" सिपाही ने अंग्रेजी बर्बरता का सच उगल दिया था।

"कहाँ ले गए हैं?" लोगों ने व्याकुल होकर पूछा।

"फिरोजपुर की ओर।" सिपाही ने अपना कर्तव्य पूरा किया।

आनन-फानन में लोग गाड़ियों में भर-भरकर फिरोजपुर की ओर चल पड़े।

लगभग आधी रात के समय लोगों ने सतलुज नदी के किनारे कैसर-ए-हिंद पुल के पास धधकती हुई आग देखी। वे मशालें लेकर उस ओर दौड़ पड़े। उन्हें आते देखकर सिपाहियों ने आग बुझा दी और गाड़ी में बैठकर भाग गए। लोगों ने तत्परता दिखाते हुए उस स्थान को घेर लिया।

दूसरे दिन सूर्योदय के साथ ही लोगों ने उस जगह को ढूँढ़ लिया, जहाँ शहीदों का संस्कार किया गया था। चिताओं से मिट्टी के तेल की तेज गंध आ रही थी। आधे-अधूरे बुझे हुए अंगारों के आसपास माँस के अधजले टुकड़े बिखरे हुए थे। उनके प्राणप्रिय क्रांतिकारियों की इस तरह से अवहेलना की गई है, यह देखकर लोग शोकाकुल हो गए।

सरकार ने शहीदों का नामोनिशान मिटाने का भरसक प्रयत्न किया था, परंतु वे मरकर भी लोगों के दिलों में सदा के लिए अमर हो गए। लोगों का ताँता लगा हुआ था। कड़ी धूप में भी 'इंकलाब जिंदाबाद' के नारे लगाते हुए वे इस तीर्थ के दर्शन कर रहे थे। फिजाँ में रामप्रसाद बिस्मिल के शब्द गूँज रहे थे :

"शहीदों की चिताओं पर लगेंगे हर बरस मेले,
वतन पर मरने वालों का यही ब्राकी निशां होगा।।"

शहीदों की चिताओं के कुछ अवशेष लाहौर लाए गए, जहाँ लाखों लोगों ने उनके दर्शन किए।

इस शोकपूर्ण घटना का वर्णन करते हुए उर्दू के प्रसिद्ध अखबार 'पयाम' ने लिखा था, "भगत सिंह, राजगुरु और सुखदेव को फाँसी दे दी गई। सिर्फ तीन जानें गई हैं, लेकिन उन्हें 23 करोड़ हिंदुस्तानी प्यार करते थे। उनका खून करके ब्रितानवी हुकूमत ने सारे हिंदुस्तान की मर्दानगी को ललकारा है। अगर हिंदुस्तान इस चुनौती को स्वीकार करता है तो इंग्लैंड का भविष्य अँधेरे से भर जाएगा और अगर वह इसे अस्वीकार करता है तो उसे अपने भविष्य से हाथ धोना पड़ेगा। शहीदों ने शहादत का जो अनोखा रास्ता दिखाया है, हमें उस पर चलना चाहिए। इंग्लैंड ने पूरे हिंदुस्तान की इबादत को ठुकरा दिया है। इसका जवाब सिसकियों और अश्कों से नहीं दिया जा सकता, क्योंकि ये कमजोरी के हथियार हैं। ब्रितानवी हुकूमत में दया, उदारता और इंसानियत नहीं है। यह वह शैतानी हुकूमत है, जो सिर्फ जोर के आगे झुकती है। तुममें ताकत है, उसका सही इस्तेमाल करो। ब्रितानवी हुकूमत, तिजारत और इल्म का बहिष्कार करो। ब्रितानवी बेइज्जत होकर तुम्हारे कदमों पर गिरेगा और उसे शहीदों के खून की कीमत चुकानी पड़ेगी। शहीदों के खून की कीमत इससे कम नहीं है कि हिंदुस्तान आजाद हो, क्योंकि उन्होंने हिंदुस्तान की आजादी के लिए अपनी जानें दी हैं। जब पूरे आजाद पर्शिया का खून एक आम अंग्रेज के खून की कीमत नहीं चुका सकता, तब गुलाम भारत के फर्जमंद बेटों–जिन पर पुलिस अफसर के खून का इल्जाम था–के खून को कैसे मुआफ किया जा सकता है! लेकिन अगर एक आम अंग्रेज की जान इतनी कीमती है तो क्या हिंदुस्तान भगत सिंह,

राजगुरु और सुखदेव की कीमत कम समझता है, जिनका अंग-अंग देशभक्ति और पाक शहादत से भरा हुआ था। ब्रितानिया को इसका जवाब काम करके दो, अल्फाजों से नहीं। हिंदुस्तान इन शहीदों को पूरे ब्रितानिया से ऊपर समझता है। यदि हम हजारों-लाखों अंग्रेजों को भी मार गिराएँ तो भी हम पूरा बदला नहीं चुका सकते। यह बदला तभी पूरा होगा, जब हिंदुस्तान आजाद होगा; तभी ब्रितानिया की शान मिट्टी में मिलेगी। भगत सिंह, राजगुरु और सुखदेव! अंग्रेज खुश है कि उन्होंने तुम्हारा खून कर दिया है, परंतु वे गलती पर हैं। उन्होंने तुम्हारा खून नहीं किया, उन्होंने अपने ही भविष्य में छुरा घोंपा है। तुम जिंदा हो और हमेशा जिंदा रहोगे।''

राजगुरु, भगत सिंह और सुखदेव—तीनों देश के लिए शहीद हो गए, लेकिन इस शहादत से उन्होंने देश में क्रांति की जो लौ प्रज्वलित की थी, वह भयंकर अग्नि बन उठी और उसकी प्रचंड लपटों से ब्रिटिश साम्राज्य जल उठा।

किशोरावस्था में कदम रखते ही राजगुरु ने भारतमाता को स्वतंत्र करवाने का जो स्वप्न देखा था, आखिरकार वह साकार हुआ। 15 अगस्त, 1947 को गुलामी की बेड़ियों से आजाद होकर भारतमाता पुनः अपने पद पर प्रतिष्ठित हुई। इस पावन पर्व को दूर आकाश से देखकर राजगुरु की आत्मा ने परम शांति अनुभव की और तीव्र स्वर में बोल उठी—'वंदेमातरम्।'

□

24

रोचक प्रसंग

व्रत-उपवास का बल

एक बार जगद्गुरु शंकराचार्य खेड़ गाँव में पधारे। उनके तेजस्वी चेहरे, दिव्य आभामंडल, वाणी की मिठास और विद्वता से नन्हा राजगुरु बहुत प्रभावित हुआ। अब उसका अधिकांश समय जगद्गुरु की सेवा-टहल में व्यतीत होने लगा। इस सान्निध्य के फलस्वरूप उसके बाल-मन में प्रकांड विद्वान् बनने की ललक जाग उठी। तप, व्रत और उपवास–राजगुरु ने इन साधनों का ज्ञान प्राप्त कर लिया था। इसके बाद आत्मशुद्धि, पवित्रता, बुद्धि-बल के विकास तथा एकाग्र होने के लिए उसने पाँच दिनों तक अन्न-जल त्यागकर कठोर व्रत किया था। इसी तरह एक बार युवावस्था में उन्होंने इक्कीस दिन तक नीम की कड़ी पत्तियाँ और भीगा हुआ गेहूँ खाकर स्वयं के आत्मविश्वास को परखा था। व्रत-उपवास के बल पर ही जेल में वे आमरण अनशन करने में सफल रहे थे।

तिलक का उपहार

बचपन से राजगुरु लोकमान्य तिलक के प्रशंसक थे। उनकी देशभक्ति और स्वराज्य के लिए संघर्ष उनके मन-मस्तिष्क पर अमिट छाप डाल चुका था। एक बार लोकमान्य खेड़ गाँव पधारे। वहाँ उन्होंने सार्वजनिक सभा को संबोधित किया। इस दौरान बालक राजगुरु सबसे अग्रिम पंक्ति में बैठकर उनका भाषण सुनता रहा।

भाषण के बाद तिलक एक कार्यकर्ता के घर पहुँचे तो बालक राजगुरु ने भी वहाँ पहुँचकर उनसे मिलने की विनती की। उनकी आयु देखकर कार्यकर्ता हँस पड़े, लेकिन नन्हा राजगुरु जैसे-तैसे कमरे के बाहर तक पहुँच गया। अब तक तिलक को सारी बात पता लग चुकी थी। 'बालक उनसे मिलना चाहता है' यह जानकर उन्होंने उसे अंदर बुलवा लिया।

राजगुरु ने हाथ जोड़कर तिलक को प्रणाम किया। उसकी निर्भीकता, साहस और आत्मविश्वास को देखकर तिलक अत्यंत प्रभावित हुए। उन्होंने उसे स्नेहपूर्वक निकट बिठाया और अपने गले में से एक हार निकालकर उसके गले में डालते हुए बोले, "ऐसे निर्भीक और साहसी कमल-पुष्प को देखकर लगता है कि अब स्वराज्य अधिक दूर नहीं है।"

तिलक का उपहार पाकर नन्हा राजगुरु प्रसन्न हो उठा।

ब्रह्मचर्य के अनुयायी

घटना उस समय की है जब हसन निजामी को सजा देने के लिए राजगुरु और शिव वर्मा दिल्ली गए हुए थे। वहाँ वे एक सराय में ठहरे थे। एक दिन संध्या-समय शिव वर्मा सराय की ओर लौट रहे थे तो उन्हें सराय से कुछ ही दूरी पर कंबल ओढ़े राजगुरु दिखाई दिए।

"इतनी ठंड में तुम यहाँ क्या कर रहे हो?" शिव वर्मा ने चकित होकर पूछा।

"कुछ नहीं, लेकिन अब हम इस सराय में नहीं ठहरेंगे।"

"क्यों, क्या हुआ? सब ठीक तो है न?"

"इसका जवाब बाद में दूँगा, पहले तुम यहाँ से चलो।" यह कहकर राजगुरु ने सामान उठाया और शिव वर्मा को लेकर वहाँ से चल दिए।

वह रात उन्होंने रेलवे के तीसरे दर्जे के मुसाफिरखाने में गुजारी।

बाद में पता चला कि सराय का मैनेजर राजगुरु के ब्रह्मचर्य को खंडित करने के लिए प्रयासरत था। घटना सुनकर शिव वर्मा बड़ी देर तक हँसते रहे और ब्रह्मचर्य के इस अनुयायी की पीठ थपथपाते रहे।

नींद का दीवाना

एक बार धन की कमी पूरी करने के लिए गोरखपुर में सरकारी खजाने को लूटने की योजना बनाई गई। इस कार्य के लिए भगत सिंह, राजगुरु और शिव वर्मा को चुना गया। वे गोरखपुर में एक पुरानी दुकान किराए पर लेकर रहने लगे। दिन घूमने-फिरने में व्यतीत हो जाता था, रात को सोने के लिए वे दुकान में लौट आते थे। दुकान में भरे कबाड़ और कूड़े-करकट को ज्यों-का-त्यों छोड़कर उन्होंने बाहर का एक कमरा सोने लायक बना लिया था।

एक रात तीनों मित्र जमीन पर दरी बिछाकर गहरी नींद में सो रहे थे। आधी रात के समय फुँकार सुनकर शिव वर्मा की नींद खुल गई। उन्होंने धीरे से भगत सिंह को जगाया और कमरे में साँप होने का संदेह व्यक्त किया। उन्होंने टॉर्च जलाकर कमरे में रोशनी कर दी।

सहसा दोनों दंग रह गए। राजगुरु के सिर के पास एक भयंकर काला नाग फन फैलाए बैठा था। भगत सिंह ने राजगुरु के पैर खींचे और हड़बड़ाकर बोले, "जल्दी उठो! तुम्हारे सिर के पास साँप है।"

"यार सोने दो, तंग मत करो।" यह कहकर राजगुरु करवट बदलकर पुनः सो गए।

इस बीच साँप रेंगता हुआ किसी अँधेरे बिल में छिप गया।

अगले दिन जब राजगुरु को इस घटना का पता चला तो वे

शिकायत करते हुए बोले, "तुम लोगों ने मुझे उस समय जगाया क्यों नहीं? तुम्हें मेरी बिलकुल भी परवाह नहीं है।"

भगत सिंह व शिव वर्मा ने एक-दूसरे को देखा और जोर से हँस पड़े।

गलती का अहसास

भगत सिंह ने बनारस जाने के टिकट ले लिये थे, लेकिन गाड़ी छूटने में अभी काफी समय था। इसलिए वे शिव वर्मा के साथ कानपुर के क्रांतिकारी साथी हलधर वाजपेयी से मिलने चले गए। जाते समय उन्होंने राजगुरु को हिदायत दी कि वे रेलवे पुल के पास उनके लौटने की प्रतीक्षा करें।

भेंट के बाद वे ट्रेन छूटने से बीस मिनट पहले स्टेशन पहुँच गए, परंतु राजगुरु का कहीं पता नहीं था। आनन-फानन में उन्होंने पूरा स्टेशन खंगाल डाला; तीन बार ट्रेन में ढूँढ़ा, लेकिन वे नहीं मिले। थक-हारकर दोनों ट्रेन में बैठकर बनारस के लिए रवाना हो गए। राजगुरु का इस तरह अनायास गायब हो जाना उनके लिए चिंता का विषय था।

अगले दिन भगत सिंह और शिव वर्मा दोपहर के भोजन के बाद जयदेव के साथ विचार-विमर्श कर रहे थे। उसी समय राजगुरु वहाँ पहुँच गए और बरसते हुए बोले, "तुम लोग स्वार्थी हो। मुझे बिना टिकट और पैसे के छोड़कर यहाँ आ गए।"

उनका क्रोध शांत हुआ तो शिव वर्मा ने पूछा, "तुम कहाँ चले गए थे?"

"गाड़ी छूटने में एक घंटा शेष था, इसलिए मैं वहीं पुल के पास भिखारियों के बीच चादर ओढ़कर सो गया था, लेकिन तुम लोगों ने मुझे उठाया क्यों नहीं?"

भगत सिंह बोले, "हमें तो लगा कि शायद तुम्हें पुलिस

पकड़कर ले गई है।''

राजगुरु ने झट से रिवॉल्वर निकाला और उसे दिखाते हुए बोले, ''फिर यह किस मर्ज की दवा है। पकड़े जाने से पहले एक-दो को तो ढेर कर ही देता।''

बात मजाक में समाप्त हो गई। बाद में भगत सिंह के समझाने पर राजगुरु को अपनी गलती का अहसास हो गया था।

भुलक्कड़ की सूझबूझ

योगेशचंद्र को जेल से छुड़वाने की योजना में जयदेव सम्मिलित थे। उन दिनों वे सहारनपुर में थे। उन्हें वहाँ से लाने का कार्य राजगुरु को सौंपा गया। विजय कुमार सिन्हा ने राजगुरु को सोते से जगाकर सारी बात समझा दी और कुछ रुपए देते हुए कहा, ''ये रुपए जयदेव को दे देना और उनसे कहना कि अधिक आवश्यकता होने पर ही खर्च करें। यहाँ रुपयों की जरूरत है, इसलिए शेष धन अपने साथ ले आए।''

राजगुरु उसी समय सहारनपुर के लिए रवाना हो गए।

तीसरे दिन कुंडी खटकने पर विजय कुमार ने दरवाजा खोला तो सामने उन्हें राजगुरु दिखाई दिए। उन्होंने सोचा कि जयदेव मजाक के लिए छिपा हुआ है। वे उन्हें पुकारते हुए बाहर तक चले गए, लेकिन वहाँ कोई नहीं था। लौटकर उन्होंने राजगुरु से पूछा, ''जयदेव कहाँ है? मैंने उसे यहीं लाने को कहा था।''

राजगुरु भौंचक्के रह गए। वे उन्हें अपने साथ कब लाए थे! उन्होंने सहारनपुर में जयदेव को रुपए देते हुए कहा था, 'आवश्यकता होने पर ही खर्च करना।' जयदेव ने पूछा भी था, 'दल ने मुझे आगरा बुलाना था।' इस पर राजगुरु ने कहा था, ''नहीं, तुम यहीं रहो और यह रुपया अपने पास सुरक्षित रखो।''

सारी बात जानकर विजय कुमार ने अपना सिर पीट लिया।

उन्होंने पंडितजी को राजगुरु के भुलक्कड़पन की बात बताई। आजाद उलटे विजय पर बिगड़ते हुए बोले, "तुम्हें भेजने के लिए इसके अतिरिक्त कोई नहीं मिला?"

बाद में राजगुरु ने जब योगेशचंद्र को सहारनपुर में जयदेव के पास छिपाने की बात कही तो उनकी सूझ-बूझ पर सभी आश्चर्यचकित रह गए और फिर कुछ ही देर में तनाव का वातावरण खिलखिलाहट में बदल गया।

आत्मविश्वास की परीक्षा

साथियों से घिरे हुए आजाद उन्हें पुलिस की यातनाओं के बारे में बता रहे थे। उनका कथन था कि क्रांतिकारी को पुलिस के चंगुल में नहीं फँसना चाहिए। उनकी यातनाएँ बड़े-बड़े सहनशील को भी विचलित कर देती हैं, इसलिए पकड़े जाने की अपेक्षा उनका सामना करते हुए जीवन की आहुति देना अधिक सरल है।

राजगुरु बड़े गौर से उनकी बातें सुन रहे थे। सहसा उनके मन में प्रश्न कौंधा, "ऐसी स्थिति आने पर क्या मेरा आत्मविश्वास अडिग रहेगा?"

उन्होंने इस बात को जाँचने का निश्चय कर लिया।

शाम को खाना बनाते समय उन्होंने धधकते चूल्हे में लोहे का चिमटा डाला। जब वह लाल होकर तप उठा तो उसे निकालकर अपनी छाती से लगा लिया। चमड़ी जल उठी, लेकिन वे विचलित नहीं हुए। उन्होंने सात बार सीने को दागा और हर बार उनका आत्मविश्वास अडिग रहा।

रात को सोते समय राजगुरु के मुख से अनायास कराहने की आवाज सुनकर आजाद जाग उठे। वे सीने पर हाथ रखकर कराह रहे थे। आजाद ने दर्द का कारण पूछा। पहले तो वे टाल-मटोल करते रहे, लेकिन बार-बार पूछे जाने पर उन्होंने सारी बात बता दी। आजाद

ने राजगुरु की कमीज हटाई तो उनकी छाती पर सात बड़े-बड़े फफोले दिखाई दिए। उन्होंने राजगुरु को सीने से लगा लिया और उमड़ते आँसुओं को पीते हुए बोले, ‘‘निस्संदेह तुम जैसा सहनशील और दृढ़ निश्चयी अंग्रेजों को भी झुकाने का साहस रखता है।’’

सुंदरता के उपासक

एक दिन राजगुरु कहीं से एक कैलेंडर ले आए, जिसमें एक सुंदर नारी का चित्र था। उन्होंने कैलेंडर कमरे में टाँग दिया और किसी काम से बाहर चले गए। जब आजाद कमरे में आए तो कैलेंडर देखकर उनकी त्यौरियाँ चढ़ गईं। उन्होंने उसे कील सहित खींच लिया और टुकड़े-टुकड़े करके कूड़ेदान में फेंक दिया।

लौटने पर राजगुरु ने कूड़ेदान में फटा हुआ कैलेंडर देखा तो ऊँचे स्वर में बोल उठे, ‘‘अरे, यह कैलेंडर किसने फाड़ा है?’’

‘‘मैंने फाड़ा है इसे।’’ आजाद ने कठोर स्वर में उत्तर दिया।

राजगुरु ने विरोध किया, ‘‘मैं इसे इतने प्यार से लाया था। आपने क्यों फाड़ डाला?’’

‘‘हमें ऐसी तसवीरों से कोई सरोकार नहीं होना चाहिए।’’

‘‘लेकिन इस पर कितना सुंदर चित्र था।’’

आजाद डपटकर बोले, ‘‘इसलिए मैंने इसे फाड़ दिया है।’’

‘‘तो जो कुछ सुंदर होगा, आप उसे फाड़ देंगे; तोड़ देंगे?’’

‘‘हाँ, तोड़ दूँगा।’’

‘‘ठीक है, फिर आप ताजमहल को भी तोड़ डालो।’’

‘‘मेरा बस चलेगा तो उसे भी तोड़ डालूँगा।’’ आजाद गुस्से में भरकर बोले।

राजगुरु कुछ देर तक चुप रहे, फिर धीमे स्वर में बोले, ‘‘पंडितजी! खूबसूरत वस्तुओं को तोड़कर आप खूबसूरत दुनिया बसाना चाहते हैं। क्या यह संभव है?’’

आजाद का गुस्सा पलभर में ठंडा हो गया।

महान् विचार

एक बार क्रांतिकारियों को खबर मिली कि कानपुर के पास गंगा-तट पर एक साधु ठहरे हुए हैं। उनके पास बहुत कीमती हीरा है। आजाद हीरे को चुराना चाहते थे जिससे दल के लिए आवश्यक हथियार खरीदे जा सके।

काफी सोच-विचार के बाद निर्णय लिया गया कि आजाद और राजगुरु कुछ क्रांतिकारियों के साथ हीरे को चुराएँगे।

योजना के अनुसार, आजाद व राजगुरु वेश बदलकर साधु की भक्त-मंडली में सम्मिलित हो गए और भजन-कीर्तन करने लगे। चिलम का दम लगाते हुए उन्होंने सारी स्थिति का निरीक्षण भी कर लिया था। कुछ देर बाद वे साथियों से आ मिले।

''पंडितजी! साधु महाराज से हीरा प्राप्त करना संभव नहीं लगता।'' राजगुरु ने विचार-विमर्श करते हुए कहा।

''असंभव तो नहीं है, लेकिन हमें कुछ लोगों के प्राण हरने पड़ेंगे।'' आजाद गंभीर स्वर में बोले।

''हमने देश और मानवता के दुश्मनों को मारने का प्रण लिया है। निर्दोष और असहाय लोगों की रक्षा करना हमारा उद्देश्य है। हीरा प्राप्त करने के लिए हम जिन्हें मारेंगे, वे निर्दोष हैं। यदि निर्दोष लोगों का रक्त बहाना पड़ा तो वह हीरा हमारे लिए निरर्थक है।''

राजगुरु की महानता देखकर आजाद गद्गद हो गए और उन्होंने हीरा चुराने का विचार त्याग दिया।

गधा या घोड़ा

एक बार जेल में मास्टर आज्ञाराम और राजगुरु में समाजवाद पर बहस छिड़ गई। आज्ञाराम आर्यसमाजी विचारों के थे। वे

समाजवाद के समानता के सिद्धांत से सहमत थे, लेकिन अनीश्वरवाद तथा भौतिकवाद के सख्त विरोधी थे। जिस बहस में भाग लेने वाले दोनों पक्ष स्वयं में साफ न हों कि वे क्या कहना चाहते हैं, उसका अंत गरमागरमी में ही होता है। यही अंत उन दोनों की बहस का हुआ।

मास्टरजी ने व्यंग्य किया, "समाजवाद-समाजवाद चिल्लाते हो। जानते भी हो कि वह है क्या? पहले तुम जाकर गधे और घोड़े की पहचान करना सीख लो, फिर मुझसे बहस करना।"

राजगुरु भी कम नहीं थे। वे पलटकर बोले, "देखिए मास्टरजी! समाजवाद घोड़ा है या गधा—यह तो मैं नहीं जानता, लेकिन इतना अवश्य कह देता हूँ कि अगर वह गधा है तो भी आगे चलकर देश और दुनिया में उसी का बोलबाला होगा, तब आपको भी उसके सामने सिर झुकाना पड़ेगा।"

मास्टरजी बगलें झाँकने लगे।

'ऐसी की तैसी…'

एक बार राजगुरु, आजाद और भगवानदास ट्रेन से झाँसी जा रहे थे। पुलिस से बचने के लिए उन्होंने श्रमिकों का वेश बनाया हुआ था। आजाद ने सख्त हिदायत दी थी कि वे कोई भी ऐसी हरकत न करें जिससे किसी को उन पर शक हो।

जब ट्रेन कालपी के पास पहुँची तो राजगुरु को अपने महान् आदर्श शिवाजी की याद आ गई। वे सबकुछ भूलकर कह उठे, "पंडितजी! यह जगह गोरिल्ला युद्ध के लिए सर्वथा उपयुक्त है।"

आजाद ने उनकी बात अनसुनी कर दी और भगवानदास के साथ मिलकर हास-परिहास करने लगे।

लेकिन राजगुरु चुप होने का नाम नहीं ले रहे थे। वे अपनी धुन में बोलते गए, "शिवाजी ने गोरिल्ला युद्ध के लिए जो स्थान

चुना था, वह भी ऐसा ही था।''

इस बार आजाद संयम खो बैठे और चिढ़कर बोले, ''ऐसी की तैसी तुम्हारे शिवाजी महाराज की। सारा मजा किरकिरा कर दिया।''

तदंतर वे पुनः भगवानदास के साथ गप्पें मारने लगे।

हतप्रभ राजगुरु को वस्तुस्थिति का अहसास हो गया। इसके बाद पूरे रास्ते वे चुप बैठे रहे।

झाँसी पहुँचकर आजाद ने राजगुरु को बाँहों में भर लिया और प्रेमपूर्वक बोले, ''ट्रेन में गोरिल्ला युद्ध की बात करने की क्या आवश्यकता थी? किसी को शक हो जाता तो हम तीनों पकड़े जाते, लेकिन तुम्हारा सुझाव प्रशंसनीय है। समय आने पर हम शिवाजी की गोरिल्ला युद्ध-नीति पर अवश्य अमल करेंगे।''

उदास राजगुरु खिल उठे।

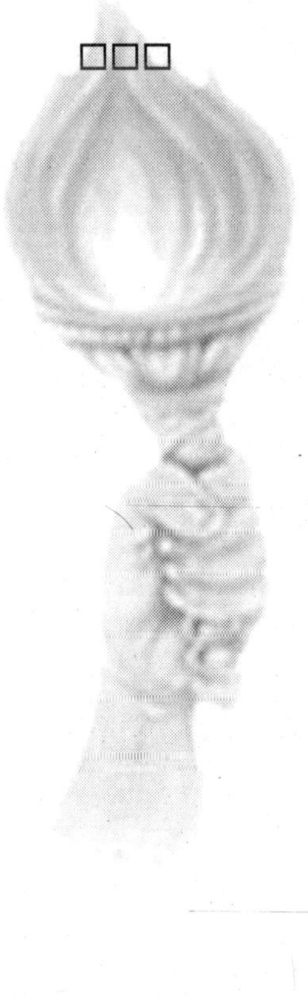